古今已來許多世家，無非積德；
天地之間第一人品，還是讀書。

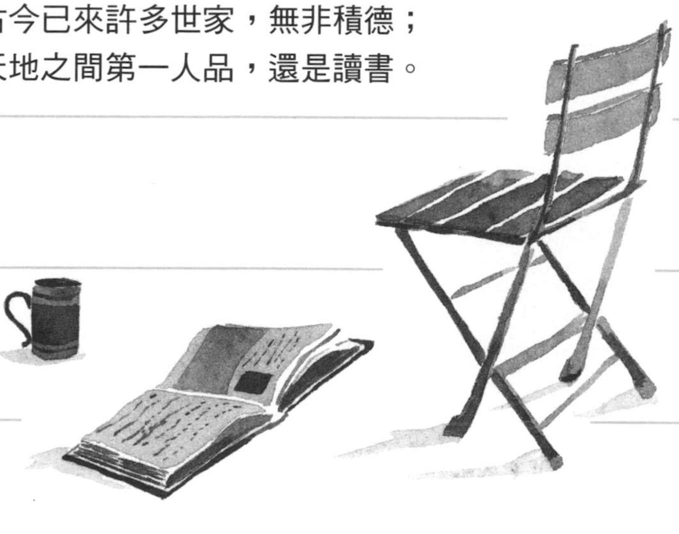

愛讀書的人，
靈魂和容顏都會優雅起來，
——林語堂

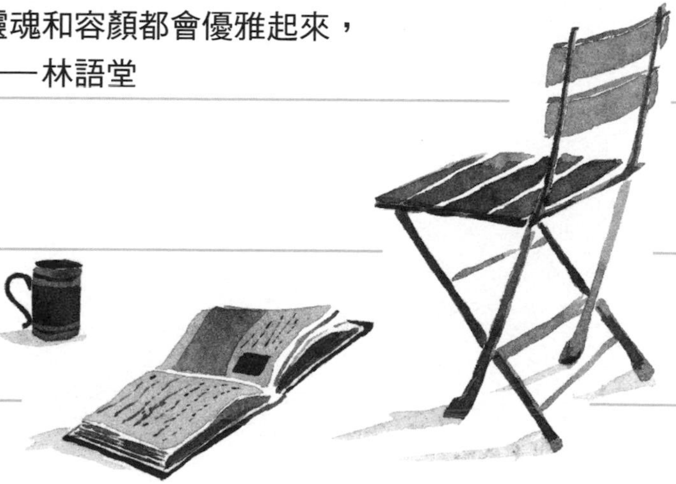

# 讀書的藝術

林語堂 著

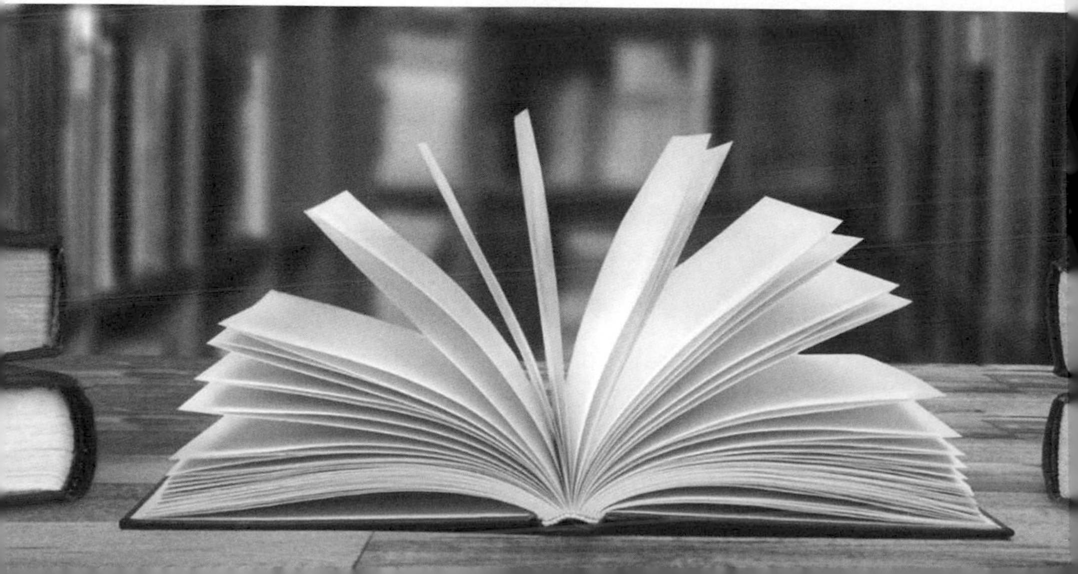

# 關於・林語堂

林語堂（一八九五年～一九七六年）中國現代作家、學者。福建龍溪（即漳州）人。用中文、英文寫過大量散文、小品和小說，還將許多中國古典作品譯成英文。因父親是基督教牧師，他從小學、中學到大學都接受教會學校教育。大學畢業後到清華大學任英文老師。一九一九年偕妻廖翠鳳赴美國留學，後又到德國。曾獲哈佛大學文學碩士，萊比錫大學語言博士學位。

一九二三～一九二六年任北京大學教授。在此期間他參加文藝團體「語絲社」，寫過抨擊黑暗社會和北洋政府的文章，後編成《剪拂集》出版。一九二七年下半年到上海從事著述，並在中央研究院工作。

一九三二年創刊《論語》，提倡幽默。一九三四、一九三五年辦《人間世》、《宇宙風》雜誌，宣揚小品文要「語出性靈」、「常談瑣碎」。這些刊物在社會上有一定影響，但受到左翼作家的批評。魯迅就指出他提倡的幽默與閒適，常常「將屠戶的凶殘，使大家化為一笑」。

一九三六年移居紐約，從事著述。曾用英文出版《吾國與吾民》、《生活的藝術》、《中國與印度的哲學》等著作，在西方有相當影響。抗日戰爭期間，留居美國繼續著述。一九四七年在聯合國教科文組織工作，不久離職。

一九五八年由美回台灣講學。一九六六年曾為中央社特約專欄撰稿。同年六月自美返台灣定居。一九六七年任香港中文大學研究教授，主持辭典編譯工作，一九七二年完成《當代漢英辭典》。一九七五年任國際筆會副會長。一九七六年病逝於香港。

# 目錄 CONTENTS

目錄
CONTENTS

# 讀書的藝術

〈此為十月二十六日為約翰大學講稿。後得光華大學之邀，為時匆促，無以應之，即將此篇於十一月四日在光華重講一次。〉

諸位，兄弟今日重遊舊地，以前學生生活的苦樂酸甜的滋味，都一一湧上心頭。不但諸位所享弦誦的快樂，我能了解，就是諸位有時所受教員的委屈折磨、註冊部的挑剔為難，我也能表同情。

兄弟今日仍在讀書時期，所不同者，不怕教員的考試，無慮分數之高低，更無註冊部來定我的及格不及格、升級不升級而已。現就個人所認為理想的方法，與諸位學友通常的讀書方法比較、研究一下。

我積二十年讀書、治學的經驗，深知大半的學生對於讀書一事，已經走入錯路，失了讀書的本意。

讀書本來是至樂之事，杜威說：「讀書是一種探險，如探新大陸，如征新土壤。」而佛蘭西也說過：「讀書是『靈魂的壯遊』，隨時可以發現名山巨川、古蹟名勝、深林幽古、奇花異卉。」

到了現在，讀書已變成僅求幸免扣分數、留級的一種苦役而已。而且讀書本來是個人自由的事，與任何人不相干。現在你們讀書已經不是你們的私事，而處處要受一些不相干的人的干涉，如註冊部及你們的父母、妻室之類。有人手裏拿著一本書，心裏想我將何以贍養父母、俯給妻子的問題？這實在是一樁罪過。

試想你們看《紅樓》、《水滸》、《三國志》、《鏡花緣》，是你們一己的私事，何嘗受人的干涉？何嘗想到何以贍養父母、俯給妻子的問題？但是學問之事，是與看《紅樓》、《水滸》相同。完全是個人享樂的一件事。

你們若不能用看《紅樓》、《水滸》的方法去看《哲學史》、《經濟學大綱》，你們就是不懂讀書之樂、不配讀書；失了讀書的本意，而終讀不成書。你們能真用看《紅樓》、《水滸》的方法去看哲學、史學、科學的書，讀書才能「成名」。若用註冊部的方法讀書，你們最多成了一個「學士」、「博士」，即成了吳稚暉先生所謂「洋紳士」、「洋八股」。

我認為最理想的讀書方法，最懂得讀書之樂者，莫如中國第一女詩人李清照及其夫趙明誠。我們想像到他們夫婦典當衣服、買碑文、水果；回來夫妻相對展玩、咀嚼的情景，真使我們嚮往不已。你想他們兩人一面削水果、一面賞碑帖，或者一面品佳茗、一面校經籍，這是如何的清雅、如何得了讀書的真味。

易安居士於《金石錄》的〈後序〉中，自敘他們夫婦的讀書生活，有一段極逼真活躍的寫照，她說：「余性偶強記，每飯罷坐歸來堂，烹茶指堆積書史，言某事在某書、某卷、第幾頁、第幾行，以中否決勝負、為飲茶先後。中即舉杯大笑，至茶傾覆懷中，反不得飲而起，甘心老是鄉矣！故雖處憂患困窮，而志不屈……收藏既富，於是几案羅列，枕席枕藉，意會心謀，日往神授，樂在聲色狗馬之上……」

你們能用李清照讀書的方法來讀書，能感到李清照讀書的快樂，你們大概也就可以讀書成名，可以感覺讀書一事，比巴黎跳舞場的「聲色」、逸園的「賽狗」、江灣的「賽馬」有趣。不然，還是看逸園賽狗、江灣賽馬比讀書開心。

什麼才叫做「真正讀書」呢？這個問題很簡單，一句話說，興味到時，拿起書本來就讀，這才叫做真正的讀書、這才不失讀書之本意。這就是李清照的讀書法。

你們讀書時，須放開心胸、仰視浮雲，無酒且過、有煙更佳。現在課堂上讀書連煙都不許你抽，這還能算為讀書的正軌嗎？或在暮春之夕，與你們的愛人，攜手同行，共到野外讀《離騷經》。或在風雪之夜，靠爐團坐，佳茗一壺、淡巴菰（tabaco）（編按・西班牙煙草名）一盒，哲學、經濟、詩文等史籍，十數本狼藉橫陳於沙發之上，然後隨意所之，取而讀之，這才得了讀書的興味。

現在你們手裏拿一書本，心裏計算及格不及格、升級不升級、註冊部對你態度如何、如何靠這書本騙一個較好的飯碗、娶一位較漂亮的老婆——這還能算為讀書、還配稱為「讀書種子」嗎？還不是淪為「讀書孬種」嗎？

有人說，像林先生這樣讀書方法，簡單固然簡單，但是讀不懂如何？而且成效如何？須知世上絕無看不懂的書，有之便是作者文筆艱澀，字句不通，不然便是讀者的程度不合、見識未到。各人如能就興味與程度相近的書選讀，未有不可無師自通，或事偶有疑難、未能遽然了解，涉獵既久，自可融會貫通。

試問諸位少時看《紅樓》、《水滸》何嘗有人教？何嘗翻字典？你們的侄兒少輩現在看《紅樓》、《西廂》又何嘗需要你們去教？

許多人今日中文很好，都是由看小說、史記得來的，而且都是背著師長偷偷摸摸硬看下去。那些書中不懂的文字，看慣了就自然明白。

學問的書也是一樣，常看下去，自然會明白，遇有專有名詞，一次不懂、二次不懂、三次就懂了，只怕諸位不得讀書之樂，沒有耐心看下去。

所以我的假定是學生會看書、肯看書，現在教育制度是假定學生不會看書，不肯看書。說學生看書不懂，在小學時可以說，在中學時還可以說，但是在聰明的學生，已經是一種誣蔑了。至於已進大學還要說書看不懂，這真有點不好意思吧？大約一人的臉面要緊，年紀一大，即使不能自己餵飯，也得兩手抓一只飯碗硬塞到口裏去，似乎不便把你們的奶媽、乾娘一起都帶到學校來給你們餵飯，又不便把大學教授看做你們的奶媽、乾娘。

至於「成效」，我的方法可以包管比現在大學的方法強。現在大學的成效如何，大家是很明瞭的。一人從六歲一直讀到二十六歲大學畢業為止，共讀過幾本書？老實說，有限得很。普通大約總不會超過四、五十本以上，這還不是跟以前的秀才、舉人相等？

從前有一位中了舉人，因沒聽見過《公羊傳》的書名，而傳為笑話。現在大學畢業生就有許多近代名著未曾聽過名字，即中國幾種重要叢書也未曾見過。這是學堂的不是，假定你們不會看書，因此也不讓你們有自由看書的機會。一天到晚總是搖鈴上課、搖鈴吃飯、搖鈴運動、搖鈴睡覺，你想一人的精神是有限的，從八點上課一直到下午四、五點，還要運動、拍球，哪裏還有閒功夫自由看書呢？

而且凡是搖鈴，都是討厭。即使搖鈴遊戲，我們也有不願之時，何況是搖鈴上課？因為學堂假定你們不會讀書、不肯讀書，所以把你們關在課堂，請你們靜坐，用「注射」、「灌輸」的形式，由教員將知識注入你們的腦殼裏，但常人頭顱都是不透水的，所以知識注射普遍不大成功。

但是比如依我方法，假定你們是會讀書、要讀書，由被動式改為發動式的，給你們充分自由看書的機會，這個成效如何呢？可以計算一下，假定上海光華、大夏或任何大學有一千名學生，每人每期繳交學費一百圓，則共有學費十萬圓。

將此十萬圓拿去買書，由學校預備一間空屋置備書架，扣了五千圓做辦公費（再多便是罪過）。把這九萬五千圓的書籍放在那間空屋，由你們隨便胡鬧去翻看，年底「拈鬮」（編按•如遇事不能決定，由第三者做紙團，當眾拈取，以決定事件的正或反）分配，各人拿回去九十五圓的書。

只要所用的工夫與你們上課的時間相等，一年之中，你們學問的進步，必非一年上課的成績所可比。現在這十萬圓用到哪裏去，大概一成買書，而九成去養教授，及教授的妻子、教授的奶媽，奶媽又去買奶媽的馬桶，這還能說是把你們的「讀書」看做一本正經的事嗎？

假定你們進了這十萬圓書籍的圖書館，依我的方法，隨興之所至去看書，成效如何呢？有人要疑心，沒有教員的指導，必定是不得要領、雜亂無章、涉獵不精、不求甚解。這自然是一種極端的假定，但是成績還是比現在的大學教育好。關於指導，自可以編成指導書及種種書目，如此讀了兩年，可以抵過在大學上課四年。

第一、我們必須知道讀書的方法，一方面要幾種精讀，一方面也要儘量涉獵翻覽。兩年之中，能大概把二十萬圓的書籍隨意翻覽，並知其書名、作者、內容大概，也就不愧為一讀書人了。

第二、我們要明白，學問的事，絕不是如此呆板。讀書必求深入，而欲求深入，非由興趣相近者入手不可。學問是每每互相關聯的。

一人找到一種有趣味的書，必定由一問題而引起其他問題。由看一本書，而不得不去找與之有關係的十幾種書，如此循序漸進，自然可以升堂入室，研磨既久，門徑自熟，或是發現問題、發明新義，更可觸類旁通、廣求博引，以證已說，如此一步一步的深入，自可成名。

這是自動的讀書方法，較之現在上課聽講的被動的方法，如東風過耳，這裏聽一點，那裏聽一點，結果不得其門而入，一無所獲，則強似多多了。

第三，我們要明白，大學教育的宗旨，對於畢業的期望，不過要他博覽群籍而已，並不是如課中所規定，一定非邏輯八十分、心理七十五分不可，也不是說心理看了一百八十三頁講義，邏輯看了兩百零三頁講義，便算完事。這種的讀書，便是犯了孔子所謂「今汝畫」的毛病。

所謂「博覽群籍」，無從定義，最多不過說某人「書看得不少」、某人「差一點」而已，哪裏去定什麼限制？說某人「學問不錯」，也不過這麼一句話而已，哪裏可以說某書一定非讀不可、某種科目是「必修科目」。

一人在兩年中翻覽這二十萬圓的書籍，大概他對於學問的內容途徑、名著傑作、版本、箋注，總多少有一點的把握了。

現在的大學教育方法如何呢？你們的讀書是極端不自由、極端不負責。你們的學問不但有註冊部定標準，簡直可以秤斤兩的，這個「斤兩制」，就是學校的所謂「七十八分」、「八十六分」之類，及所謂多少「單位」。

試問學問之事，何得秤量斤兩？所謂英國史七十八分、邏輯八十六分，如何解釋？一人的邏輯，怎麼叫做八十六分？且若謂世界上關於英國史的知識，你們百分已知道了七十八分，世上豈有那樣容易的事？但依現在制度，每週三小時的科目算三單位，每週兩小時的科目算兩單位，這樣由一方塊、一方塊的單位，慢慢堆疊而來，疊成多少立方尺的學問，於是某人「畢業」、某人是「學士」了。你想這笑話不笑話？

須知我們何以有此大學制呢？是因為各人要拿文憑；既要拿文憑，故不得不由註冊部定一標準，評衡一下，就不得不讓註冊部來把你們「秤一秤」。你們如果不拿文憑，便無被「秤」之必要。

但是你們為什麼要拿文憑呢？說來話長，有人因為要行孝道，拿了父母的錢，心裏難過；於是下定決心要規規矩矩、安心定志讀幾年書，才不辜負父母一番的好意及期望。這個是不對的，是與遵父母之命、媒妁之言戀愛女子一樣的違背道德。這是你們私人讀書享樂的事，橫被家庭義務的干涉，是想把真理學問孝敬你們的爸爸、媽媽、老太婆。只因為真理學問，似太渺茫，所以說還是拿一張文憑具體一點為是。

有人因為想要得文憑學位，每月可以多幾十塊錢。社會對你們的父母說，你們兒子中學畢業讀了三十本書，我可以給他每月四、五十圓；如果再下兩千圓本錢，即再讀三十本書、大學畢業，我可給他每月八、九十圓。你們父母算盤一打，說：「好。」於是議成，而送你們進大學，於是你們被秤、拿文憑，果然每月八、九十圓到手，成交易。

這還不是你們被出賣嗎？與讀書之本旨何關？與我所說讀書之樂又何關？但是你們不能怪學校給你們秤斤兩，因為你們要向他拿文憑，學堂為保持招牌信用起見，不能不如此。且必如此，然後公平交易、童叟無欺。

處於今日大規模生產品（mass production）之時期，不能劃定商貨之品類（standardization of products），學問既然成為公然交易的商品，學士、碩士、博士既為大規模生產品之一，自然也不能不「劃定」一下。

其實這種以學問為交易之事，自古已然。子張學干祿，子曰：「三年學不至於穀，未易得也。」（關於往時「生員」在社會所造的孽，可參考《亭林文集》、《生員論》上中下三篇。）

到了這個地步，讀書與入學，完全是兩件事了，去原意遠矣。我所希望者，是諸位早日覺悟，在明知被賣之下，仍舊不忘其初，不違背讀書之本意、不失讀書的快樂、不昧於真正讀書的藝術。並希望諸位趁火打劫，雖然被賣，錢也要拿、書也要讀，如此就兩得其便了。

# 論讀書

〈十二月八日復旦大學演講稿又同十三日大夏大學演講〉

本篇演講只是談談本人對於讀書的意見，並不是要訓勉青年，亦非敢指導青年。所以不敢訓勉青年有兩種理由：

第一，因為近來常聽見貪官污吏到學校致訓詞，叫學生須有志操、有氣節、有廉恥；也有賣國官僚到大學演講，勸學生要堅忍卓絕，做富貴不能淫、威武不能屈的大丈夫。孟子曰：「人之患在好為人師。」料想戰國的土豪劣紳亦必好訓勉當時的青年，所以激起孟子這樣不平的話。

第二，讀書沒有什麼可以訓勉。世上會讀書的人，都是書拿起來自己會讀。不會讀書的人，亦不曾因為指導而變為會讀。譬如數學，出五個問題叫學生去做，會做的人是自己腦裏做出來的，並非教員教他做出，不會做的人經教員指導，這一題雖然做出，下一題仍舊非指導不可，數學並不會因此高明起來。

我所要講的話，於你們本會讀書的人，沒有什麼補助；於你們不會讀書的人，也不會使你們變為善讀書。所以今日談談，亦只是談談而已。

讀書本是一種心靈的活動，向來算為清高。「萬般皆下品，惟有讀書高。」所以讀書向稱為雅事、樂事。但是現在雅事、樂事，已經不雅、不樂了。

今人讀書，或為取資格、得學位、在男為娶美女、在女為嫁賢婿；或為做老爺、踢屁股；或為求爵祿、刮地皮；或為做走狗、擬宣言；或為寫訃聞、做賀聯；或為當文牘、抄賬簿；或為做相士、占八卦；或為做塾師、騙小孩……諸如此類，都是借讀書之名，取利祿之實，皆非讀書本旨。亦有人拿父母的錢，上大學，跑百米、拿一塊大銀盾回家，在我是看不起的，因為這似乎亦非讀書的本旨。

今日所談，亦非指學堂中的讀書，亦非指讀教授所指定的功課。在學校讀書有四不可：

第一、所讀非書：學校專讀教科書，而教科書並不是真正的書。今日大學畢業的人所讀的書極其有限，然而讀一部小說概論，到底不如讀《三國》、《水滸》；讀一部歷史教科書不如讀《史記》。

第二、無書可讀：因為圖書館極有限。

第三、不許讀書：因為在課室看書，有犯校規，例所不許。倘是一人自晨至晚上課，則等於自晨至晚被監禁起來，不許讀書。

第四、書讀不好：因為處處受註冊部干涉，毛孔骨節，皆不爽快。且學校所教非「慎思明辨」之學，乃「記問」之學。記問之學不足為人師，《禮記》早已說過。即書上怎樣說，你便怎樣簡答，一字不錯，叫做記問之學。

倘是你能猜中教員心中要你如何答法，照樣答出，便得一百分。於是沾沾自喜，自以為西洋歷史你知道一百分，其實西洋歷史你何嘗知道百分之一。學堂所以非注重記問之學不可，是因為便於考試。如：拿破崙生卒年月、形容詞共有幾種，這些不必用頭腦，只須強記。

然學校考試極其方便，差一年可扣一分；然而事實上於學問無補，你們的教員，也都記不得，要用時自可在百科全書上去查。又如羅馬帝國之亡，有三大原因。書上這麼講，你們照樣記，然而事實上問題極複雜。有人說羅馬帝國之亡，是亡於蚊子（傳染寒熱病），這是書上所無的。

今日所談的是「自由的看書、讀書」；無論是在校、離校、做教員、做學生、做商人、做政客閒時的讀書，這種的讀書，始可開茅塞、除鄙見、得新知、增學問、廣識見、養性靈。

人之初生，都有好學、好問及其長成，受種種的俗見、俗聞所蔽，毛孔骨節，如有一層包膜，失了聰明，逐漸頑腐，讀書便是將此層蔽塞聰明的包膜剝下。能將此層剝下，才是讀書人。並且要時時讀書，不然便會鄙吝復萌，頑見、俗見生滿身上。一人的落伍、迂腐、冬烘，就是不肯時時讀書所致。

所以讀書的意義，是使人較虛心、較通達、不固陋、不偏執。一人在世上，對於學問是這樣的，幼時認為什麼都不懂；大學時自認為什麼都懂，畢業後才知道什麼都不懂，中年又以為什麼都懂，到晚年才覺悟一切都不懂。

大學生自以為心理學他也念過，歷史、地理他亦念過，經濟、科學也都唸過，世界文學、藝術聲光、化電，他也念過，所以什麼都懂。畢業以後，人家問他國際聯盟在哪裡，他說：「我書上未念過。」人家又問法西斯蒂（Fascisti）（編按•以墨索里尼為首的義大利黨，又名「泛繫黨」或名「棒喝黨」，二次世界大戰後，無形解體）在義大利成績如何，他也說：「我書上未念過。」所以覺得什麼都不懂。

到了中年的時候，許多人娶妻生子、造洋樓、有身分、做名流、戴眼鏡、留鬍子、拿洋棍，沾沾自喜。那時他的世界已經固定了，女子放胸是不道德、剪髮亦不道德、社會主義就是共產黨、讀《馬氏文通》是反動，節制生育是亡種逆天、提倡白話是亡國之先兆、《孝經》是孔子寫的，大禹必有其人……意見非常之多，而且確定不疑，所以又是什麼都懂。

其實是此種人久不讀書，鄙吝復萌所致，此種人不可與深談。但亦有常讀書的人，老當益壯，其思想每每比青年急進，就是能時時讀書，所以心靈不曾化石、變為古董。

讀書的主旨在於排脫「俗氣」。黃山谷謂人之不讀書便語言無味，面目可憎。須知世上語言無味，面目可憎的人很多，不但商界、政界如此，學府中亦頗多此種人。然語言無味，面目可憎，在官僚、商賈是無妨，但在讀書人則是不合理的。

所謂面目可憎，不可作面孔不漂亮解。因為並非不能奉承人家，排出笑臉，所以「可憎」。脇肩諂笑、面孔漂亮，便是「可愛」。若欲求美男子、小白臉，盡可於跑狗場、跳舞場，及政治衙門中求之。有漂亮臉孔、說漂亮話的政客，未必便面目不可憎。讀書與面孔漂亮沒有關係，因為書籍並不是雪花膏，讀了便會增加你的容輝。所以面目可憎不可憎，在你如何看法。

有人看美人專看臉蛋，凡有鵝臉、柳眉、皓齒、朱唇，都叫做「美人」。但是識趣的人，如：李笠翁看美人專看風韻，李笠翁所謂三分容貌、有姿態等於六、七分；而六、七分容貌、乏姿態等於三、四分。

有人面目平常，然而談起話來，使你覺得可愛。也有滿臉脂粉的摩登女郎、洋囡囡，做花瓶、做客廳裝飾甚好，但一與之交談，風韻全無，便覺得索然無味。黃山谷所謂面目可憎、不可憎，亦只是指讀書人之論證風采說法。若《浮生六記》的芸，雖非西施面目，並且前齒微露，我卻覺得是中國第一美人。男子也是如此看法。如：章太炎臉孔雖不漂亮，王國維雖有一條辮子，但是他們是有風韻的，不是語言無味、面目可憎的，簡直可認為可愛。亦有漂亮政客，做武人的兔子、姨太太，說話雖然漂亮，聽了卻令人作嘔三日。

至於語言無味（著重「味」字），那全看你所讀的是什麼書及讀書的方法。讀書讀出味來，語言自然有味；語言無味，做出文章亦必有味。有人讀書讀了半世，亦讀不出什麼味兒來，那是因為讀不合的書，及不得其讀法。

讀書須先知味。這「味」字，是讀書的關鍵。所謂味，是不可捉摸的，一人有一人胃口，各不相同，所好的味亦異。所以必先知其所好，始能讀出味來。有人自幼嚼書本，老大不能通一經，便是食古不化、勉強讀書所致。袁中郎所謂讀所好之書、所不好之書可讓他人讀之，這是知味的讀法。若必強讀，消化不來，必生疳積、胃滯諸病。

口之於味，不可強同，不能因我之所嗜好以強人。先生不能以其所好，強學生去讀。父親亦不得以其所好，強兒子去讀。所以書不可強讀，強讀必無效，反而有害，這是讀書之第一義。

有愚人請人開一張書目，硬著頭皮，咬著牙根去讀，殊不知讀書須求氣質相合。人之氣質各有不同，英人俗語所謂：「在一人吃來是補品，在他人吃來是毒質。」因為聽說某書是名著、因為要做通人，便硬著頭皮去讀，結果必毫無所得。過後思之，如作一場惡夢，甚且終身視讀書為畏途，提起書名來便頭痛。蕭伯納說許多英國人終身不看《莎士比亞》，就是因為幼年塾師強迫背誦所種下的果。許多人離校以後，終身不再看詩、不看歷史，亦是旨趣未到、學校迫其必修所致。

所以讀書不可勉強，因為學問思想是慢慢胚胎滋長出來。其滋長自有滋長的道理，如草木之榮枯、河流之轉向，各有其自然之勢，逆勢必無成就。樹木的南枝遮陰，自會向北枝發展，否則枯槁以待斃。河流遇了磯石懸崖，也會轉向，不是硬衝，只是順勢流下，總有流入東海之一日。

世上無人人必讀之書，只有在某時、某地、某種心境不得不讀之書。有你所應讀、我所萬不可讀，有此時可讀、彼時不可讀。即使有必讀之書，亦絕非此時此刻所必讀。

孔子說五十可以學《易經》，便是說四十五時尚不可讀《易經》。劉知幾少讀古文《尚書》，挨打亦讀不來，後聽同學讀《左傳》，甚好之，求授《左傳》，乃易成誦。《莊子》本是必讀之書，然假使讀《莊子》覺得索然無味，只好放棄，過了幾年再讀。即對《莊子》感覺興味，然後讀《莊子》，對《馬克斯》感覺興味，然後讀《馬克斯》。

且同一本書、同一讀者，一時可讀出一時之味道出來。其景況適如看一名人相片或讀名人文章。未見面時，是一種味道，見了面，交談之後，再看其相片，或讀其文章，自有另外一層深切的理會。或是與其人絕交之後，看其相片、讀其文章，亦另有一番味道。

四十學《易經》是一種味道，五十再學《易經》又是一種味道。所以凡是好書都值得重讀的。自己見解愈深、學問愈進，愈讀得出味道來。

譬如我此時重讀蘭姆（Lamb）（編按●英國散文作家和評論家，筆名伊利亞，以《伊利亞隨筆集》聞名。一七七五～一八三四年）的論文，比幼時所讀全然不同，幼時雖覺其文章有趣，沒有真正靈魂的接觸，未深知其文之佳境所在。也許蔣介石未進過小學，或進小學而未讀過地理，或讀地理而未覺興味；或然今日之蔣介石翻看閩浙邊界地圖，便覺津津有味。一人背癰（編按●指皮膚紅腫而出膿的瘡毒），再去讀范增的傳，始覺趣味。或是許欽文在獄中讀清初犯文字獄的文人傳記，才別有一番滋味在心頭。

——由此可知讀書有兩方面，一是作者，一是讀者。

程子謂《論語》之讀者，有此等人與彼等人，有讀了全然無事者，亦有讀了不知手之舞之、足之蹈之者。所以讀書必以氣質相近，而凡人讀書必找一位同調的先賢，一位氣質與你相近的作家，作為老師。

這是所謂讀書必須得力一家。不可昏頭昏腦、聽人戲弄，莊子亦好、旬子亦好、蘇東坡亦好、程伊川亦好。一人同時愛莊、荀，或同時愛蘇、程是不可能的事。找到思想相近之作家、找到文學上之情人，胸中必感覺萬分痛快，而靈魂上發生猛烈影響，如春雷一鳴，蠶卵孵出，得一新生命，入一新世界。艾略特（George Eliot）自敘讀《盧騷自傳》，如觸電一般。尼采師叔本華，蕭伯納師易卜生，雖皆非及門弟子，而思想萌芽、學問生根之始。因為氣質性靈相近，所以樂此不疲，流連忘返；流連忘返，始可深入；深入後，然後如春風化雨之賜，始可欣欣向榮，學業大進。

誰是氣質與你最相近的先賢，只有你知道，也無須人家指導，更無人能勉強，你找到這樣一位作家，自會一見如故。蘇東坡初讀《莊子》，如有胸中久積的話，被他說出。袁中郎夜讀徐文長的詩，叫喚起來，叫復讀、讀復叫，便是此理。這與「一見傾心」之愛（Love at first sight）同一道理。你遇到這樣作家，自會恨相見太晚，一人必有一人中意的作家，各人自己去找去。

找到了文學上的愛人，他自會有魔力吸引你，而你也樂自為所吸。甚至聲音相貌一顰一笑，亦漸與相似。這樣浸潤其中，自然獲益不少。將來年事漸長，厭此情人，再找別的情人。到了經過兩、三個情人，或是四、五個情人，大概你自己也受薰陶不淺，思想已經成熟，自己也就成了一位作家。

若找不到情人，東覽西閱，所讀的不是不能沁入靈魂深處，便是逢場作戲。逢場作戲，不會有心得，學問亦不會有成就。

知道情人滋味，便知道「苦學」二字是騙人的話。學者每為「苦學」或「困學」二字所誤。

讀書成名的人，只有樂，沒有苦。據說古人讀書有追月法、刺股法，以及丫頭監讀法，其實都是很笨。讀書無興味、昏昏欲睡，始拿錐子在股上刺一下，這是愚不可當。

當書本排在前面，是中外賢人在向你說極精采的話，尚且想睡覺，便應當去睡覺，刺股亦無益。叫丫頭陪讀，等打盹時喚醒你，已是下流，亦應去睡覺，不應讀書，而且此法極不佳，不睡覺，只有讀壞身體，不會讀出書的精采來。若已讀出書的精采來，便不想睡覺，故無丫頭喚醒之必要。

刻苦耐勞、淬勵奮勉是應該的，但不應視讀書為苦。如果你視讀書為苦，第一著已走了錯路。天下讀書成名的人皆以讀書為樂；你以為苦，別人卻沉湎以為至樂。必如一人打麻將，或如人挾妓冶遊，流連忘返、寢食俱廢，始讀出書來。

以我所知，國文好的學生都是偷看幾百萬言的《三國》、《水滸》而來，絕不是一學年讀五、六十頁文選，國文會讀好的。試問在偷讀《三國》、《水滸》之人，讀書有什麼苦處？何嘗算頁數？好學的人，於書無所不窺，「窺」就是偷看。於書無所不偷看的人，大概學會成名。

有人讀書必裝腔作勢，或嫌板凳太硬、或嫌光線太弱，這都是讀書未入門路，或未覺興味所致。有人做不出文章，怪房間冷、怪蚊子多、怪稿紙發光、怪馬路上電車聲音太嘈雜，其實都是因為文思不來，寫一句、停一句。一人不好讀書，總有種種理由。

「春天不是讀書天，夏日炎炎最好眠，等到秋來冬又至，不如等待到來年。」其實讀書是四季咸宜的。

古所謂「書淫」之人，無論何時何地可讀書，皆手不釋卷，這樣才成讀書人樣子。顧千里裸體讀經，便是一例，即使暑氣炎熱，至非裸體不可，亦要讀經。歐陽修在馬上、廁上皆可做文章，因為文思一來，非做不可，非必正襟危坐、明窗淨几，才可做文章。一人要讀書，則澡堂、馬路、洋車上、廁上、圖書館、理髮室皆可讀。而且必辦到在洋車上、理髮室都必讀書，才可以讀成書。

讀書須有膽識，有眼光有毅力。膽識二字拆不開，要有識，必敢有自己意見，即使一時與前人不同亦不妨。前人能說得我服，是前人是；前人不能服我，是前人非。人心之不同如其面，要腳踏實地，不可捨己耘人。

詩或好李、或好杜，文或好蘇、或好韓，各人要憑良知，讀其所好，然後所謂好，始說得出好的道理出來。或蘇、韓皆不好，亦不必慚愧，亦須說出不好的理由來。或某名人文集，眾人所稱而你獨惡之，則或是你自己學力見識未到，或果然你是而人非。學力未到，等過幾年再讀；若學力已到，而你是人非，則將來必發現與你同情之人。

劉知幾少時讀前、後《漢書》，怪前書不應有「古今人表」，後書宜為更始立紀，當時聞者責以童子輕議前哲，乃「赧然自失，無辭以對」；後來偏偏發現張衡、范曄等，持見與之相同。此乃劉知幾之讀書膽識。

因其讀書皆得知襟腑，非人云亦云，所以能著成《史通》一書。如此讀書，處處有我的真知灼見，得一分見解，是一分學問；除一種俗見，算一分進步，才不會落入圈套、滿口爛調，一知半解、似是而非。

# 讀書階級的吃飯問題

## 〈中學生的出路問題〉

關於這極渺茫而又極切要的問題，我的意見如下：

在男女經濟不平等的社會中，男學生及女學生的將來出路，當然是不相同的，所以必須分開來講，先從經濟方面來講，男學生的出路是「吃飯」，女學生的出路是「出嫁」。

在現代的社會中，女學生的出路，百分之九十以上的確如此，這是無可諱言的事實。其嫁不出或婚姻失敗的少數，則以入大學、入體育學校、入職業學校為暫時的出路。

但是現代女子在社會服務，處處吃虧，待遇、機會都不及男子，若不在婚姻之內求性的解決，尤其要受比男子所受更嚴的輿論制裁。所以普遍女子嫁不出去與男子失業，略有同樣的感覺。這都是事實，而且出嫁的事，百分之九十以上的女子是願意的。自然百分之九十以上的男子娶親也是願意的，不過男子娶親之外，尚有養家問題，女子則不然（依現代一般情形而論），經濟的制度如此不平，不必諱言。

如說以「出嫁」為女子出路，近於誣蔑，那麼以吃飯為男子出路，也不見得如何清高。固然有些女子要哀怨不平，以為出嫁之後，社會應該要分給她一半養家的責任，才算平等。但是譬如我，如果明日的法律，定了一條女子出嫁兼須養家，男子卻只須娶親，算是職業，我並不反對。

出嫁並非便算做人，固然；但是男子找到飯吃，又何嘗便完了人生的真義？所以問題是相同的。

在一方面講，女子以造幸福的家庭為職業，與男子工作謀生，都不是什麼恥辱。在另一方面講，有些女子，不能養成人格，在她環境內，做一個有用的社會分子。或者專靠淡抹濃妝，要人家養她一輩子，或者連一點點社會上的貢獻也沒有，面目可憎、語言無味、終日無所事事、虛度一生，虧她活在人世，我們要批評她出路過於卑鄙是可以的。

但是如古代的儒生，粥粥無能，靠著一枝禿筆；做帝王的廝養，回來以驕其妻妾。或如現代的留學生，學了一肚子的洋八股，屈事賣國官僚，己且軒軒自得；終日與西人握手免冠，換得飯吃，了此一生，又與賣淫的婦女何別？所以經濟的出路是一事，做人的出路又是一事，兩者應該劃分清楚。

將來生活程度增高，經濟壓迫加重，節育的知識普遍，婚姻的制度自然要受這影響，女子的出路問題，便要愈複雜。到那時候，不但獨身、晚婚、退婚、離婚的女子都有出路的問題，就是結婚而不離婚的女子也要比較有出路問題。但照目前情形，此種女子尚屬少數，其少數的出路問題應與男學生的出路問題合併討論。

至於普通中學生出路問題，又應分全部的出路與個人的出路講。普通的中學生不能算為一國的「知識階級」，只算是受過相當教育的國民。

然而在教育不普及的中國，中學畢業生，已略略含有知識階級的意味了。但是我認為這種見解是誤謬的。因為中學生之少，而顯然形成一個特殊階級，這是自然的現象。像在中國南部，有的中學畢業生，就簡直預備回去做鄉紳，如從前進學的秀才，可以回去坐吃公產；結果也還是墮入所應該打破的紳士階級，而為兩千年來儒者的變相而已，這個太不應該了。

我想中學生還是應該以受教育國民的資格，投入社會上各種事業的隊伍裏，做社會上有用的活動才是。與這「士」的觀念連帶而來的，就是「仕」的觀念。所謂「學而優則仕」也是趕緊須打破的。但是如果因為社會混亂，一切事業不能發達，無事可做、無飯可吃、上黨部衙門，這又是社會現狀不良所致，我們也不便深責。

投入社會各種事業，中學生是常要吃虧的，這並不是中學教育自身之錯，其錯在現今教育制度及中學生自己特殊階級的心理。

從教育制度講，受教材者多，受教育者少；在設備中學課程者的心目中，中學生的出路：（一）是升大學，（二）是做小學教師。然做小學教師，就是想保存士階級，從個人求學觀點看，也有可取；而就社會觀點看，則斷斷不是個辦法，將來上等遊民之多，就是這個緣故。

升大學，更加是騙人的事，在現今笨拙的上課辦法之下，也許果真讀了十二年小學、中學的書，還不能寫一篇通順的文字、不能有相當的學術常識，必再進大學而補充之，這還成個理由。

除此以外，升入大學的意願有下列三種：（一）是閒暇階級用來取得社會上資格。（二）是上了社會的當，為求畢業後得每月較高的薪俸。（三）才是真正在求高深的學問。

上面第（二）種，說來真是造孽不少。在學生父兄看來，實在純粹是替子弟投資性質，因為中學畢業每月可得四、五十圓，大學畢業每月可得八、九十圓。做父兄的人誰不願意他的兒子每月多得幾十圓，經濟容易獨立？於是你也送中學畢業生入大學、我也送中學生入大學，結果一班中學畢業生，都變成大學畢業生；中學生可做的事，都換了一班大學畢業生來做，在社會未必有好處。

在個人委屈他多上幾年課，吃虧者只是甲的父兄及乙的父兄，各人多損失一、兩千圓的學費，少得四、五年中的兒子謀業補助而已。及父兄們見其學業成績未必有何長進，乃相率而罵現在的大學。其實還是社會自己做個圈套給自己上而已。一方面，因為中學文憑與大學文憑的行價不同，遂使一班學子視線專注在文憑上面，以報答父兄的好意。然而這和去求高深學術之本意遠了，連大學本身也受這些不應在大學混身的人的影響而惡化了。同時學生本人多念四年書，便是少得四年的做事經驗，大學念完，最少二十二歲；做事才來從頭學起，難道這種制度，可以說是「經濟的」制度嗎？

升大學不成理由，做教師更加是不可原諒。真正的中學教育，若問為什麼念地理、算術、歷史、文法?答案應該是,這些是受教育的國民的常識,所以我們應當想知道點。知道多,固然好;知道少,也無妨。

你想做個國民,難道有須知道七十分歷史、六十分文法,才做得起的道理嗎?「今也不然」,你問他為什麼念英文文法呢?其答語又不外教那後代的人預備去教文法。這樣還能成個念文法的理由嗎?還不是造一個圈套,來養士階級一輩子罷了。

在這種做教師的「中學生出路」,教文法已經成為一種特殊階級包辦販賣學術,再從中取得生活費、房飯錢、膏火之資的戲法而已,與社會國家,真是無涉。

因為升大學,來得排場;做教師,又來得清高,所以中學生多半認此兩條為出路。其實,做教師只是性情相近的人可做,若一時無飯可吃,偶然吃吃,總算過渡辦法。本性好學而又一時不能入大學的人,這才是真正配做小學教師。本性好學,在高中時代,已深得學問的滋味的人,才真正配入大學。然這種人,在現今大學生中,十個只有一個(這是美國幾位大學教務主任的意見),其餘的有錢子弟,不妨進去混身,橫豎比在外嫖賭飲好;無錢子弟,卻不能不再三考慮一下。

從個人方面講,各人有各人的出路,各人的家庭問題、父兄職業、朋友知交,都是不同的。機會不同,出路自然不同。比方書局老闆的子弟,將來學書局生意;

錢莊老闆的子弟學做錢業，這是顯然的趨勢。假如錢莊老闆的子弟極鄙惡銅臭的父兄，那是有了讀書種子，應好好培成學業。假如這個子弟終日嬉遊角逐，不好念書，又不好學正經生意，那是永遠不會有出路的，可以不必討論。

斷定一人將來的出路，五成是看機會，五成是看個性。機會這個「東西」，與女子出嫁一樣，只是靠「碰」。是自由的結婚，還是亂碰（非「姘」）的結果。你想兩萬萬的女同胞中，絕不是兩萬萬個都是某青年的可能的未來妻子，至少一萬萬、五千萬，或者太老，或者太少。

至於年紀相若的，雖有幾千萬，有機會相知的還是寥寥無幾。相知、中看、上眼的，又要對方同意的，真無幾人。到了青年想娶親而可以娶親的時候，某位女子來得湊巧，或因搬家相識、或因路上相逢、或者剛剛學成回梓，年華相若；相貌也差不多，一經撮合，婚事成矣！

出路也正相同，三十歲以上，問了自己今日所操的職業、所處的地位，大多是碰來的，少有是由一己的本事、智力抉擇的。比如某人今日做了什麼「要人」，原因不過他娶了某人為妻，因為他的妻的妹妹又嫁給某人，後來他變成要人了。假如他的小姨不嫁給某人，他如何做要人呢？又如某人他學了牙科、做了縣長，這也是他夢想不到的事，然而他的一生出路，竟在這無意中的亂碰——「碰」上了。學生進了什麼學堂、找到什麼名師、得著什麼契友、又得著什麼差缺，都是亂碰的結果。在這種地方，家庭、親友環境好的人，要便宜多了，這也是與女子出嫁一樣。

但這「碰」字，不可誤解。碰是兩方相碰，非單方的事，也不是純粹被動。在同樣的情形、同樣的因緣中，在甲一點不發生影響，在乙便碰成一條出路來。譬如有機關要僱用書記，在某中文精通的中學生，一「碰」便成了「碰的機會」而造成一條「出路」；然在同班、同級的其他學生，中文較差的，仍然無碰的資格。

所以機會是看人而定的。社會上有用之才，真是寥如晨星。大半為行屍走肉、乞憐於親友幫忙的人，偶然得一位置，插足其間，勉強充任，死而後已。所以一人只要有一樣可取、一藝之長，不愁沒有碰的機會。最忌的是庸庸碌碌、沒有專才，可以做黨部委員，也可以做錢莊的伙計，那就難免患得患失做出許多尷尬的事來。

中學生最要者，依各人的個性所近，練出一種專才，或書法、或文牘、或中文、或英文、或辦事、或交際。人格上也須一點可取的地方，或勤謹、或誠信、或和藹、或敏捷、或審慎。總而言之，做個「完人」是沒有的事，要在有自知之明；能以其所長，補其所短，總不怕沒有出路的。

# 考試分數不可靠

我向來反對分數，認為不足以代表學生真正的學力，雖然同時認為此非注重個人教育之學制，分數是不能避免的。惟我認為真正學力的考試可憑論文，因由其論文可以看出一個學生文字、學問及思想之進步。

我的理由很簡單，一個人的學問是花樹式、逐漸滋長的；不是積木式的、偶然堆放而成的。一人的思想學問，是由動了靈機，繼續發育其本性，對事、對物漸漸得一種見解，故是一貫、整個的。故憑其論文，便可知他思想教育的程度。

各人有各人之本性、趣味，故各人有各人發育之過程，或偏此偏彼，不能勉強。在現今完全忽略學生個性整個發展的教育，教育家認為各人讀同頁數的書、答同樣的問題，將一科、一科知識灌注學生腦中便可成為學人；故只須分科考試其強記的知識，便足看出一人的學問。誰也知道，這種考試出來的學問是強記而不生根的。既然不生根，當然無用。

考試之分數，也不一定是標準的。西洋教育家早已知道，一級中，兩班學生受兩位教員定分數，結果每每不同。也有人反對百分制，認為這是無意義。這百分制做一絕對的假定，以學生所答與問題之正確答語相比。

真正的學分應該是比較的，只能將一班的考卷就學生與學生相比。一百人中總有五十人是「中材」，他們的平均答案，才可為標準。其餘的廿人比平均好為「上等」，廿人比平均壞為「下等」，又約有五人為「上上」，五人為「下下」。

假如某次考試全班多半得四十分，便是四十分及格。所以說這些話，不過叫大家知道百分制不是「天經地義」。

假如我做教員，只有兩條路可走。

第一條路：倘使我只在大學講堂演講，一班五、六十個學生，多半見面而不知名，少半連面都認不得。到了學期終了，再叫我出十個考題給他們考，而憑這十個考題，定他們及格不及格，打死我，我也不肯。因為如果「及格」，是說某生十個答案答得好，可以；若說某生的某門學問真懂了，我沒有這樣傻。

第二條路，假如我與諸生有朝夕接近的機會，常常談談學問、書本，到了學期終了，我的定分沒有什麼八十七、七十八，大概某生「不錯」、某生「過得去」、某生「肯用功」、某生「雜書看得不少」、某生「不行」、某生「的確好」、某生「文字好，思想差一點」、某生有「奇氣」，這些評語是有意義的，至少比「某生歷史八十七・五分」有意義。

但是叫我把這些評語，改為「甲、乙、丙」，我改不來，總共有幾種，我也莫名其妙，大概隨時看人而定。所謂「看人而定」是說人有個性，不能變為一個甲等生、乙等生，或是九十分生、八十分生。至於這評語寫在哪裏，我想沒有關係，有古雅信箋時，就寫在古雅信箋；無古雅信箋時，就寫在草紙、信封背上……

今天看見外報一段新聞，使我歡喜，證明我的意見不錯。英國新出一本小冊，名為——《考試之考試》（An Examination of Examinations）。這是一個教育委員會實驗考試制度的報告。委員是有名的大學教授及教育家，而試卷則是利用英國公學同一套的真正考卷，先後分與各不同的專家去定分，看看他們評出及格不及格的成績比較如何。

最可驚異的是歷史畢業考試的試卷，把十五張考卷給十四位經驗豐富的教員評分，結果有四十種不同的分等。再使這幾位閱卷人隔十二月至十九月之後重新定同一考卷的分數，他們自己先後不同，其兩百零十張考卷中「及格」、「不及格」及

「優等」的分配，有九十二張前後不同。不及格的變為及格，及格的變為不及格。

所以這報告的結論是：「很明顯的，這種考試不能叫人放心。」又說：「依據現今制度，頒給許多人所賴為終身職業的畢業證書時，取與不取之決定中，含有極大的『僥倖』成分……有許多人應該取得畢業證書而誤為落第，有人不應取得證書反偶然取了。」

其實以前科舉何嘗不是這樣，所以「房師」（編按•明、清兩代被錄取的生員，對分房閱卷的本房同考官的尊稱）的恩德實在不小。這報告也認為在現今制度之下考試不能避免。不過能打破分數的迷信，不將之奉為圭臬，就是學問上、見解上的一種進步。

# 作文六訣

作文本極易事，不知如何，在今日似乎很難了。學生拿起筆來，傍徨終日，怎樣開題、怎樣收束、怎樣才可謂得體，都有點玄妙莫測。所以現在一談到「作文六訣」，便使人有莫大的奢望，以為文學有莫大的神祕存乎其間。

所以也有許多「文章作法」的書籍出現，內容大概是講取題、命意、構思、佈局、起伏等。

外國也有許多《大學作文》的課本，大概教人「每段須統一」、「逐段須演進」、「用字須恰當」等天經地義、家喻戶曉、童叟皆知的話。

其實，這些大學教授作者，先就犯了作文首求清順的原則，我們讀來，總覺得他們應該寫的不是一本書，卻是一封給書局老闆的信，明白曉暢的說明他們的意思如下：

某某大鑒，敬啟者：

弟近日窮窘萬分，內子臥病數月，醫藥之資不給，兼以裁縫、牛奶、煤火賬項久已拖欠，無法可想。一家本有四口，以次昊天不吊，又是孿生，令人哭笑不得。足下亦人父也，諒知此中苦況。未可知慨然解囊以數十金相助否？弟原擬著一書，名曰：《作文金匙》，向足下預支版稅，弟以心緒惡劣，草草著述，反貽大雅之譏。

弟素性孤僻，寧可密室借債，不可貽笑大方，乞諒之。

某啟

這便是我所謂「曉暢」的文章。

其實這種書所以令人討厭，就是因為內容所講都是三尺童子皆知的話，這又是犯了一條作文要則（見〈作文六訣〉第三條「敬重讀者」）。不然，便是故示玄奧，使人望之生畏。再不然，便嘮嘮叨叨，不得要領。

近日因為看到這種書之嘮叨，所以發憤，也來談談這個題目，只因不肯自欺欺人，所以就將要說的話於一篇中說完，不把他鋪敘、敷衍成書，因為這樣又要犯了下文所謂「倦則擱筆」的原則了。

自然，此地所講的是著作，不是編纂報告之類，是指文人的作文，非指抄賬簿、擬公文之類。無論作長篇小說或是短篇小品，這六訣都可適用的，尤其是短篇小品。

其實寫小說、寫小品都非常簡單，雖然作者先要有文學天才，但天才並不是可傳授的，所以可以不談。

耶魯大學近代文學教授費爾普斯（William Lyon Phelps），是一位研究現代小說專家，他就曾說過，小說者是「一個講得好的故事」（A good story well told），非常簡單明瞭，以外再不易尋到更確當的定義了。

還有一位哈佛大學教授下文學的定義說：「文學是真純的思感，用美妙的文字表現出來。」也許號稱文豪的人要不高興，但是著作委實是如此簡單。文學創作技術是沒有什麼了不起的神祕的。

假如一定有了文學天才，這天才如上述是不可傳授，雖然可加以培養，所以也不必談。但是關於下筆為文的風度，有幾點是要注意的，不然作文便會令人昏昏欲睡。計得「作文六訣」如下：

**第一、要表現自己**——老練官僚是專門說謊話、支吾話、八面玲瓏話、令人捉摸不定的話，如「今天、天氣、哈哈哈」之類。作家卻不可這樣！「今天、天氣、哈哈哈」的話於官吏是相宜的，於文人卻是致命傷。如果文學家要說謊，便應老老實實說謊，而不可哈哈哈、八面玲瓏、支吾塞責。

文人須有勇氣，不怕有自己的主張。即所謂的「不敢有自己的主張者，就是奴才」之意。比如有要人，發表關於月亮的意見，可以這樣說法：「某人已經說過，月亮是圓的，我們……哈哈哈！完全同意。」假定某人是上司，而提出抗議，該位要人便應趕緊更正說：「兄弟失言了，兄弟原意說月亮是方的。兄弟……哈哈哈！完全同意。」文人卻不能如此出爾反爾了。他應憑良心說：「我所見月亮是圓的，而且據我看來確是紫色的。信不信由你，這是我個人的意見。」

我想這條原則不但可行於文學，也可行於政治。假定大家皆說老實話，不要「今天、天氣、哈哈哈」，也可以為國家、為人民省掉許多無謂的痛苦與犧牲。記得擴大會議之時，馮、閻叛變中央，激戰數月，虧耗國幣兩千萬，損傷士兵十餘萬，假如當時馮、閻肯與中央開誠布公、老老實實交換意見，這些戰亂都可避免。閻錫山應該這樣電蔣：

蔣公勛鑒：某居山有十八年矣，頗思換換地方，公坐鎮南京太久了，我們換換位置如何？

蔣公得了此電，應當急回曰：

閻大哥：你真傻了，國家大權，授之於黨，豈可私相授受？但如果你想換換空氣，或是訃聞中想加兩條勛爵，總有辦法可想。你知道中國這時民心厭亂、不堪內戰。如果你肯罷兵，我敢擔保國民願意每個月給你一百萬元，還是此法來得經濟，你想是不是如此呢？

馮玉祥也可來一電：

蔣同志：我久困西北，士兵沒飯吃，難道叫他們真正靠天吃飯嗎？你不給我飯吃，我就要跟你打。你知道我是佩服你的英勇，非萬不得已，絕不與你打的。我公總有辦法，可以替我的士兵找點飯吃吧？

蔣公又可來一回電：

馮大哥：來電開誠相示，至為感謝。我比你更惡動武。你佩服我好將，我亦佩服你好漢，來南京談談吧！我要給你飯。如得同意，當即派私人飛機迎接尊駕。

這時，張少帥讀了這些電文，也就做和事佬、發表談話如下：

你瞧！他也不願意打他，他也不願意打他。那麼誰也不要打誰，不就好了嗎？

這樣十天內，雙方老實交換意見，空氣為之一新、積見為之一除。問題糾葛所在，也就大家明白；再加以報紙言論公開排解，那回慘戰也就可免了。只因那回電文做得不好，大繞大彎，說些什麼「扶植民權」、「打倒獨裁」的鬼話，弄得問題之癥結所在，大家也不明不白。這都是兩方幼時小學國文訓練失策，做得不通順、曉暢所致。結果「先禮」之後，就不免「後兵」了。小學文教學失策，遺禍至此，令人憤慨。

第二、**感動讀者**——讀者是喜歡受感動的。要感動他，自然先要取得他對你的信仰。對他講他所不懂的話，他便信仰你，而為你所感動了。如果你講的是病理，拉扯些陰陽五行之說、肝火上升、為水為阻等一套他所不懂的話，讀者便點頭稱善。

如果你所講的是金融，用點滾利、淨利、複利、週息、標金、大條等專門名詞；讀者便非常信服你，而為你所感動了。等到你已經壓服他，而他已經信服你，你隨便亂談都無妨，都覺得句句有道理、頭頭是道。自然，你得先懂得內行話，這不必說了。

最重要的是，「你是在同誰說話」，如果是向塾師講話、排儒道，儘管搬運《禮記》、《春秋》、《論語》、《孟子》。如果你同教徒辯證耶教道學之無理，必須儘量稱引《聖經》，越僻越妙，表明你《舊約》看得比《新約》爛熟；而《撒加利亞書》亦比《創世紀》爛熟，你這樣引經據典，他就非常敬重你了。

要點在於講讀者所信仰的題目，而偏要高他一點。你要同反對白話的人說理，引《四書》、《五經》是不夠的，最好引點緯書、僻書，如《太公金匱》、《范子》、《魯連子》、《胡非子》之類。你要同錢莊店館說話，便不可引《魯連子》，你應該無意中透露你認識某卷煙稅局長的消息，你更可壓服他。

對卷煙局長說話，你又須換一種口氣，告訴他在某席上你同宋先生、孔先生談話，而為了要取得他們對你的信仰，你要說他們穿的是西裝或是中裝，或宋先生沒有鬍子，而孔先生卻有鬍子，況且你的夫人是宋先生的同學的夫人的同學。說到此地，你已經聽見卷煙局長在叫茶房開香檳的聲音了。

作文也是如此的。你要提倡國語羅馬字，絕不可同人講什麼理由，講理由他會看不起你；看不起你，自然你理虧。你只消說某年月日教育部令這個，又某年月日教育部令那個。你逕頭頭是道，而讀者也不覺得無聊。

**第三、敬重讀者**——文字有作者與讀者雙方關係，讀者固然要敬重作者，作者亦應當敬重讀者，誰也不可看不起誰，不然雙方即感覺無聊，讀者亦會掩卷而去。恐怕文人最普通的毛病就在此地。這原來就是韓愈「惟陳言之務去」的一句老話。不要說陳言、不要說爛話、不要說天經地義、不要說童叟皆知的話，或人人說過的話、讀者早已知道你要說的話，及一概不必你說的話。

從前有現代評論派某文人，也出了一本文集。不幸他是鑽研教育與社會學，這兩門都是我所認為在學術上很無聊的科目。我讀了他滿紙嘮叨的老話，氣得發昏，將他每段首句集攏來，結果如下：

「教育者，人類灌輸知識之程序也。」

「據我的意見，婚姻是兩性之結合。」

「中國是世界最大之國，人口四萬萬。」

「青年人最重要是讀書。」

「歐洲之有基督教，猶如中國有儒教。」

「抽煙、喝酒都有害健康。」

我可以代加一條：

「蝦子豆腐者，豆腐加蝦子之小菜也。」

這種文人之所以討厭，就是因為他們太看不起讀者、太不敬重讀者。誰高興讓人當小學生看待？蕭伯納說過：「平常婦人與貴婦之別，不在於她的行為風度，是在於你如何待她。」凡是讀者，都要人家當他很有學問，猶如平凡婦人都要人當她貴婦。

比方你在講某種毒瓦斯之化學成分，得先插進一句：「自然你就知道。」讀者便快活了。你當他是一位化學家，不久他也自以為是化學家。這種地方很有益學問，令人風雅。即你風雅，不妨也假定他風雅，這是作文風度要點之一。

家喻戶曉的話不說，他就喜歡你。有笑話，只要講，卻不可揭穿；雖然他不懂，假定他懂了，他就覺得高貴。用點高深、怪僻詞句，卻不加以解釋，他也就覺得真如大雅之堂了。懂不懂是不相干的，要緊的是彼此互相敬重，就高貴起來。明知他不懂，必認為他懂；明知他不會舉一反三，只會舉一隅，必認為他會舉一反三。明知他沒有想像力，卻必含蓄，假定他有想像力。

世上最快活的事，莫如被人當為我所不甚了了的專家，這是訓練想像力之最好的方法。浸潤其中多年，一人的談吐為人，自然也風雅了。譬如你當武人的祕書，常常對他講「寧缺毋濫」、「民脂民膏」、「民生主義」，雖然明知他不知這些字怎樣寫法，他必定喜歡你。不久，你瞧，這些字眼兒，他也用起來了。

**第四、精神爽快，始可執筆**；必要時，抽煙助興。——凡人不爽快時，做起文來，也必不爽快。尖酸的作家或脾氣不好、好為人師的作家，必為人所討厭。

作文時應當是精神奕奕，說得滾熱、說得拍節，不費思索，佳文佳句，一一由筆尖下滴流出來。倘你自己不爽快，說一句、停一句，讀者也必同你一樣不爽快。到了此時，只要抽一根煙，或是擲筆到外頭散散步，文思就會再湧現了。

文思來了，借你的筆尖，一句一句給抄錄下來，就成文。反是，苦索飢腸、排比次序、前後修改，就是膺品、無生命、不值錢的。

至於抽煙而文思仍然不來，便罪不在煙，而在你。便應當去賣豆腐，要明白你不是文人種子，若強要濫竽，便是污蔑文學尊嚴了。但只要你有一點天才，只須冒煙，因為煙可以冒得你的天才出火。

**第五、隨興所之**——佳文、佳作與博士論文所以不同，就在此點。通常博士論文所以寫得那樣不精采，就是因為是在為他人做嫁衣裳，而沒有感性。不知誰人作俑，傳授大學生那種無精打采的作文家法。

博士論文的作法與四馬路世界書局、中西書局的作品，大致相同。博士論文的章段大概是這樣講的：

第一章、×與個人關係
第二章、×與社會關係
第三章、×與國家關係
第四章、×與世界關係

「×」所以代表「治外法權」，也可以代表「皮蛋」，這都沒有關係。你只消照這格式板套作法，博士就準定是你的囊中物了。

四馬路博士的論文，大致也是一樣的：

第一章、太極拳之歷史觀
第二章、太極拳之地理觀
第三章、太極拳之國學觀
第四章、太極拳之國際觀
第五章、太極拳之體育觀
第六章、太極拳之道德觀

第七章、太極拳之智育觀
第八章、太極拳之靈性觀
第九章、太極拳之經濟觀
第十章、太極拳之社會觀

你看這樣一個目錄，你就知道作者是沒有所謂感性，一章、一章寫下去，專敷衍成書、賣錢的。至少我不相信作者寫「太極拳之國際觀」時，與寫「太極拳之靈性觀」是一樣的感性，只是按部就班、逢場作戲而已。

因此四馬路博士也可以編一種世界自修叢書，差不多各本得體，沒一本特別精采，也沒一本特別壞。叢書書目如下：

世界拳術自修寶匙
世界三民自修寶匙
世界衛生自修寶匙
世界理髮自修寶匙

世界補齒自修寶匙
世界園藝自修寶匙
世界養蜂自修寶匙
世界求婚自修寶匙
世界護產自修寶匙
世界珠算自修寶匙
世界跳舞自修寶匙
世界游泳自修寶匙

無疑的，這不是隨興所作的，裏面看不出什麼，只是按期交貨、千字幾角錢的貨色。世上確有一種人，真以為生活非常簡單，可以編排、整理得井井有條，分屬青年會德育、智育、體育的紅三角。

**第六、倦則擱筆**——此條可由上條推得而知。世界上連篇累牘、江河浩瀚的書籍，都是因為不守此條原則而來的。

文章與其收束不好，還不如全不收束，突然而去之「奇妙」。在古昔的文評說起來，這是「神出鬼沒」的文章，是「見頭不見尾」的雲龍，非常高妙可愛。

假如你為文至精采處，忽然牙痛，半路截住，一腳踢開，後世論者評起來，必曰：「陡然勒住，如懸崖千仞，奇絕、奇絕。」

這正像維娜斯的斷臂石像，因為斷臂所以更寶貴。或如舒伯特之「未完成交響曲」，千古莫能續之。

章實齋是最有見地的人，他明白——「夫文章千化，如同鬼神，悄然而來，戛然而止，何嘗無此景物、何嘗不奇特。但如山之崖峭、水之波瀾，氣積勢成，發於自然，必欲作而致之，無是理矣。」（《古文十弊》）又曰：「是以學文之事，可授受者，規矩方圓，不可授受者，心營意造……」（《文理篇》）

作文只須順勢，如一條小河不慌不忙，依地勢之高下，蜿蜒曲折，而一彎溪水妙景，遂於無意中得之。若必繩以規矩方圓，景以營造法尺，結果只成一條其直如矢、毫無波瀾、毫無曲線的運糧河。這條運糧河是載八股先生赴殿試及載阿貓、阿狗取洋博士的河道，但不足以言文了。

# 怎樣寫「再啓」

一封信裏，我最喜歡看的是朋友書牘後的「再啓」。

倘一封信沒有「再啓」，就好像沒有精采、沒有彈性，好像寫信的人話真的說完了。有時使你疑心這人不老實，他要向你說的話；在未執筆之先，早已佈置陳勢，有起有伏，前後串連好了，所以連信中的話也非出之真情，有點靠不住了。

我們知道「尺牘」之所以成為文學，是因為它是最真情、最吐露、最能表現個性的文字。而「再啓」之所以可貴，就是因為它是尺牘中最能表露真情的一部分。再啓中，所給我們看見的是臨時的感念、是偶憶的幽思、是家常瑣細、是逸興閒情、是湧上心頭的肺腑話、是欲辨已忘的肝腸話，使人讀之，如見其肺肝然。有時，他所表現的是暗示函中失言的後悔（女子書牘中尤多），或是一吐函中所未發之衷情。因為有這再啟的暗示，回誦書中禁而未發之辭，遂覺別有一番滋味了。

人生總是這樣的，充滿著遲疑、猶豫、失言、後悔；或是模稜兩可之人，忽然果斷；或是豪傑爽利之人，忽然灰心。現代戲劇是技巧，常在劇情緊張之際，描繪此種衷曲，使人有捉摸不定之勢，而最佳的再啓，也就是能表現這種地方。

因為平常的信函，只是一人的說白，信後加一再啓，就像有兩人對話。那收信人的答語，似乎就隱在「再啓」與「某某頓首」之間的白紙中。

比方有一位老父寫一封滿紙辛酸的信給他唯一的女兒，列舉五、六種理由，說明為什麼他不能依她的請求，送她入北京女子師範（其一理由，是她有四位弟兄，都在大學裏讀書，負擔太重），卻忽然在信後添了兩行：「好吧！妳儘管預備，秋間上學，信中的話全取消。」——這是多麼動人！世界上最好及最壞的打算，都是完成在這種一念之間的最後一剎那！

我最喜歡看見一人有能打自己嘴巴的勇氣，或者一位學者，忽然慧心發現；將他掉書袋的迂談闊論，一筆勾消，付之行雲流水，換上一句合情合理的話。

比方有一位男子，假定他是位律師，寫一封道學嚴肅的信給他的妻子，用最冷利的文筆及最縝密的理念，自第一點至第六點指出為什麼非同她離婚不可的理由，簽了名，然後添了兩行潦草難辨的再啓：「絲兒，我真發痴了。無論如何我要妳、要妳，妳知道嗎？我自己是混蛋，我們何時見面？」絲兒讀到此地，將不禁心中一酸，淚珠盈盈，俯著去吻那張信箋了。倘使他從頭蓄意經營，照例寫些心肝肉兒的鬼話，反使絲兒讀了痲木，不敢置信，反不如以上一封尺牘的偉大恢奇了。

實際上，我們常見一個婦人死心塌地跟著一個半籌莫展的莽漢，外人莫名其妙，就是被這種「再啓」裏湧出的幾句話所纏住，這叫做冤家。

我曾聽見，一位學問精通、胸懷豁達的牛津大學教授，在他朋友房裏替在中國傳道的教士辯護。他所舉的，全是學理的理由。

他說每個國家都曾輸入外國的思想主義，而這種外來思想的輸入，從遠看去，只有增加該國思潮之豐富，絕不會反使其思想貧乏；他說歐洲本身就受過希臘、羅馬文化之賜，英國亦受大陸思想之賜不少。

他這樣引古證今的長談廿分鐘之後，他朋友說：「但是希臘、羅馬並不曾派遣戰艦，來一面保護荷馬，一面槍殺荷馬，他正要救其靈魂的中古歐洲人啊！」那位教授噗地一聲，現出會心的微笑，承認失敗了。

我想世人能夠常有這種翻然警悟的一念，世上就較少陳腐迂闊的現代評論派議論文章。世人能多寫這一類的「再啓」，也可免傷許多無謂的氣力、免引許多無謂的辯難。茲舉以下兩篇附有再啓的信函，以便世人參考研究。

〈舉例一〉

這是我的朋友在某校當教師要求增加薪俸的一封信。在一切我所看過的再啓中，恐怕無出其右者。若照以前的人的說法，定列「神品」。

某某校長大鑒：到校以來，倏已三載，幸蒙先生隨時指示，無得大過。茲啟者，國難以來，東北淪陷，誰無心肝？敢復忍痛教書耶？某嘗外計國家之前途，內察家庭之實況，認為除了辭職，脫離教育，別無辦法。

蓋近今生活既高，而某除一妻三子外，又有叔父三、孀媽四，皆賴某一人之力仰給。月俸五十而每月開銷則在一百五十以上（此數包括三位叔父、四位孀母、十五位侄兒，輪流一年有一次之醫院手術費）。今者已羅掘俱窮，挪借無處，且自到校以來，衣食且將不給，豈復有閒錢購書、閒情閱書耶？

學問荒蕪，問心有愧，長此下去，豈堪設想？為此種種理由，再四思維，認為非脫離教育，另謀出路不可。懇請准予自本暑假始，解約離校。吾意已決，幸毋慰留，栽培之德，容後圖報。此請道安。

再啓者：先生如憫其愚昧，賜加薪俸五元，辭職一事，全盤取消。

某某頓首

據說該校長接到這封信，為再啓中兩句話所打動，認為宇宙奇文，即加薪俸十元，自此以後，彼此相得，現某已升為該校訓育主任矣。

**〈舉例二〉**

以下是呂某寫給南京友人的信。呂曾留學東瀛，專攻經濟，寫信時已賦閒三年左右。論其有情，當列「逸品」。

蔚兄：年來萍蹤不定，出巴蜀、留漢中、入故都、遊歷城，都為覓一館地計耳。奈天不假緣，事與願乖。謀事無成，遂亦懶於執筆。且數年以來，落魄困頓，朋友中即有去信，亦少見賜復。前曾修書與交通部于某，迄今兩旬，終無回報，某亦不期回報矣。

此次由京來滬，途中遇前早稻田同學老石。據說渠在陝西省府供職。不意以老石之才學抱負，亦終流為軍人走狗！弟意欲救中國，必先打倒軍閥；而欲打倒軍閥，必由吾輩有新教育、新思想之人，下定決心，且不吃武人之飯而後可耳。回風今日，所謂文治政府者究何在？所謂軍政分權者又何在？武夫跋扈、予取予求；文人逢迎、必恭必敬。且苛捐雜稅，有加無已，民權民財，剝削殆盡。實業不振，青年囂張，學者尚空談而不務實踐。外憂內患，迫於眉睫，而作京官者，猶復醉生夢死，角逐於笙歌酒色之場。

嗚呼已矣，言復奚益，徒增惆悵耳。此種混惡政治，如何叫人熱心？頑閒之餘，無以解憂，聊作數行，一肚牢騷，隨筆至，兄作無聊人廢話視之可耳。

某某頓首

再啓者：頃接交通部老于來信，謂已替我謀得××部參直一席，月薪四百。天啊！我要到南京去了！

再啓者：弟擬明晚夜車晉京，翌晨八時抵寧，兄可派一部軍用汽車到站相迎否？某又及。

# 說文德

近來有人要提倡文德、文品，我甚贊成。不過文德二字不可看做一般的「德育」二字解。又不可看做「忠、孝、仁、愛、信、義、和、平」解，如此解，便又是粉飾道德門面，借代天宣教，作仕宦階梯。至此已是定庵所謂：「鬻聖賢市仁義」之文妓，而非文人本色。這正是鄭板橋所罵：「仁義之言，出於聖口，奸邪竊似，濟欲惡醜；播談忠孝，聲淒淚痛」之流，必做不出文章來，既無文章，何來文德？「文德」乃指文人必有的個性，故其第一義是「誠」，必不愧有我，不愧人之見我真面目；此種文章始有性靈、有骨氣。

欲誠則必使我瑕瑜盡見，故未有文德，必先有文疵，若掩其不善而著其善，則所表現者已非我；無性靈，豈尚有文章乎？蓋文章即文人整個性靈之表現，非可掩飾粉黛、矯揉造作者也。（本刊上期刊載〈袁子才答蕺圓論詩〉即本此意。）

韓昌黎集中不刪上宰相書、杜少陵集中不刪獻歌詩，即所以見文人之真。苟其真不足傳，粉飾復奚用？況性靈是整個的，其發為文章，名為筆調，布豐（Buffon）曾謂：「筆調即性靈。」故筆調與性靈，不得分開。「文人無行」，《顏氏家訓》亦早已言之。然我嘗謂：屈原若不露才揚己、顯暴君過，必不會做出沉鬱佚蕩的《離騷》。宋玉若不禮貌治容、見遇俳優，必不會做出那神態入微的《神女賦》。東方曼倩若不滑稽、不雅，不足成為縱橫議論之詼諧大家。司馬長卿若不竊資無采。挑引寡婦，也就少了他那神化飄渺一代詞宗的氣魄。曹植悖慢犯法，所以成第一流跌宕的詩才。孔融誕傲致殞，所以發為瀟灑滑稽的詩歌，阮籍無禮敗俗、逃入昏迷、一醉幾月，所以能入蒼勁遙深詩境。靈運空疏亂紀、怠曠職務、登臨遊覽，經旬不歸，所以在敘述景物的山水詩中能別開蹊徑。變屈原為當代名相，則《離騷》亡，變宋玉為謹慎塾師，則《神女賦》滅。東方曼倩板起道學先生面孔，則不成其為東方朔。司馬相如不敢有戀愛寡婦的膽量，大改也不會有做《子虛》、《上林賦》的才略。談交惡之人，不可不由此體會文章之由來。

# 增訂《伊索寓言》

兩個月前，旁聽華東各大學英語演說比賽，竟發現有大學生引《伊索寓言》為材料，可見此書引人之深，而大學生腦裏盤桓著，乃是這些東西。乃思以後編大學教材，當以寓言體為主，以便灌輸，而收到事半功倍之效。

這且不提，只說我幼時讀伊索〈龜與兔賽跑〉而龜跑贏的故事，極為兔抱不平，且深恨龜。為此蓄志日久，要修訂此書，以供一班與兔、駿馬等同情，而不與龜、蝸牛等同情者之玩讀，此為光緒末年間事也。

光陰荏苒，人事變遷，至今尚未著筆。然以時間計，其中慘澹經營之年數，亦不比「追隨總理二十五年」者遜色也。現在中山先生之墓木已拱，而著書猶未成，慚愧惶恐、內疚不安，乃乘《十日談》出刊之便，書數則，以了夙願。

## 一、龜與兔賽跑

有一天龜與兔相遇於草場上，龜在誇大他的恆心，說兔不能吃苦，只管跳躍尋樂，長此以往，將來必無好結果。兔子笑而不辯。

「多辯無益，」兔子說：「我們來賽跑，好不好？就請狐大哥為評判員。」

「好！」龜不自量力的說。

於是龜動身了，四隻腳做八隻腳跑了一刻鐘，只有三丈餘。於是兔不耐煩，而有點懊悔了。「這樣跑法，可不要跑到黃昏嗎？我一天寶貴的光陰都犧牲了。」

於是兔子利用這些光陰去吃野草，隨興所之，極其快樂。

龜卻在說：「我會吃苦、我有恆心，總會跑到。」

到了午後，龜已經精疲力竭了，走到陰涼之地，很想打盹一下，養養精神，但是一想晝寢是不道德的，又奮勉前進，龜背既重，龜頭又小，五尺以外的平地，便看不見。他有點眼花撩亂了。

這時兔子，因能隨興所之，越跑越有趣，越有趣則越有精神，已經趕到離路半里許的河邊樹下。看見風景清幽，也就順便打盹。醒後精神百倍，卻把賽跑之事完全都丟在腦後。

在這愁無事可做之時，看見前邊一隻松鼠跑過，認為其是怪物，一定要去追他，看看他尾巴到底有多大，而可以回來告訴他的母親。

於是他便開步追，松鼠見他追，也就開步跑。奔來跑去，忽然松鼠跑上一棵大樹。兔子正在樹下翹首高望之時，忽然聽見背後有聲音叫道：「兔弟弟，你奪得錦標了！」

兔回頭一看，原來是評判員狐大哥，而那棵樹，也就是他們賽跑的終點。那隻龜呢？因為他想吃苦，還在半里外匍匐而行。

**《故事啟示》**

**（一）凡事須求性情所近，始有成就。**

**（二）世上愚人，類皆有恆心。**

**（三）做龜的不應同人賽跑。**

## 二、太陽與風

有一天，太陽與風在爭辯，誰的力氣大。狡詐的太陽看見地上有行人走路，知道叫人出汗解衣是他的拿手好戲，於是他對風說：「我們比一比吧！誰叫那位行人脫下衣服，便算誰的力氣大。」忠厚的風上當了，他答應。

風先鼓起他的力氣，盡力的吹，可是只有吹掉那行人的帽子。聰明狡詐的太陽在家像老滑巨奸格格地暗笑。他說：「讓我來，我多麼王道。我不聲不響就能叫那人馬上赤膊給你看。」太陽勝利了。

這是天上的方面。

在行人的方面，只覺得天時乍暖乍寒，有點反常，哪裏知道是上者在使槍花，累及下民遭殃。在他解衣之時，他對自己說道：「那凶橫的風，我倒有辦法。只是那太陽，不聲不響，看來似乎非常仁厚王道，一曬曬得我熱昏，叫我在此地出汗受罪。風啊！求你給我吹一吹吧！」

且說天上，忠厚的風無端受太陽奚落一場，心殊不樂。忽然慧心一啟，哈哈大笑的對太陽說：「老滑巨奸，你也別使槍花了，我們再比一下，看誰有本事，叫那行人再穿上衣服。」

太陽因為要做紳士，雖然明知必敗，只好表示主張公道而答應了。

這回太陽越曬，那人越不肯穿衣服，等到風一吹，那人才感覺涼快，謝天謝地，再穿起衣服了。

這回是太陽敗了。

行人因為天時反常，冷熱不調，傷肺膜炎，一命嗚呼哀哉。但是天上的太陽與風，各人一勝一敗，遂復和好如初，盟誓曰：「舊帳一筆勾消！」

**《故事啟示》**

（一）非才之難，善用其才之為難。

（二）不聲不響的人都可怕。

（三）天上使槍花，下民空吁嗟，
舊賬勾銷後，小民眼巴巴。

### 三、大魚與小魚

某池中，生魚甚多。大魚悠游其中，隨便張開嘴，便有十幾條小魚順水游入口中，大魚吃來毫不費力。

一天，一條小魚，看了心上如同火燒，雙目凸出，向大魚說：「這太不公平！你大魚為什麼吃小魚？」

大魚很和氣的說：「那麼請你吃吃我看，如何？」

小魚張開嘴，來咬大魚的肚下，咬了一片鱗，幾乎哽死，於是不想再咬下去，大魚乃一句話不說，揚翅而去。

**《故事啟示》**

——世上本沒有平等。

### 四、冬天的豪豬

叔本華有一段寓言很好：如下：

有一冬天之夜，天將大雪，林中的豪豬冷凍不堪。後來大家尋到一間破屋，一齊進去。起初大家覺得寒冷，所以圍做一團，大家分暖。只因豪豬隻隻身上都有刺，一碰之後，不得不大家分開，分開之後，又覺得寒顫，又想團聚分暖。如此分後再合，合後再分，往返數次才找到一種適當的距離，既不相刺，又可稍微分暖，就此相安無事，一夜過去。

**《叔本華寓言的啟示》**

——這就是人類的社會。

# 救救孩子

陳衡哲在《大公報》及《獨立評論》發表「救救中學生」的呼籲，歷述今日中學課程之嚴，摧殘學生身體，甚至有打賜保命者，讀之令人髮指。

他的結論是：「我們自命為教育界的人，看了現行教育制度與課程，對於青年們的健康摧殘到了這種程度，還能說這不關我們的事嗎？……所以我說，無論為民族的將來、為人道的慈悲……我們自命為教育界的人，尤其是握有實權的教育當局，都不容躲避這目前一個迫切的責任，救救中學生，救救這一大群即將要成為殘疾、變為廢物的中學生！」

此種現狀不改良，中學青年自好者必皆變成書呆，只留下不怕留級的學生遺傳種子，教育界如此相加壓迫，我想真不可救了，校長受會考壓迫，怕學生多數不及格而出醜，乃壓迫教員，教員受校長壓迫而壓迫學生。

學生是最容易欺負的，文憑與分數就是兩條鞭，哪有不屈服之理？在這層層壓迫之中，你向誰去理論？會考官、校長、教員，各人須自衛，各有一個飯碗須保，誰管得了小孩子？

若果然絞小孩子之腦汁可以維持各位的飯碗，而無關民族國家，倒也讓他絞殺無妨，大半的孩子吃得消的。有的本來聰明，再加一倍功課也念得來；有的先天很好，糟踏五、六年身體仍舊無妨；有的人精神稍微衰弱，面色稍微瘦黃，但亦未必即犯神經症。自殺者也不過千人中有其一，打針者也不過千人中有其二。然而為整個民族著想，這是危險的。

中國讀書人向來多愁善病，今日仍舊要製造出來多愁善病的讀書人，原因呢？

第一、課程標準是專家學者訂定，數學專家說數字重要，要搶幾個鐘點；地理專家說地理重要，要奪幾個鐘點……爭辯之後，大家也就相安無事而案定，至於學生本身是沒人想到的。

第二、教科書是學究編的，非撥弄其專門名詞，不足以炫其學。

第三、教員一半也是不知學問為何物之書呆，以為加歷史、心理、幾何、三角的單位於某生，便可造出一個讀書明理的人來。

學生的身體呢？自然吃得消。工廠工人要求八小時工作，廠主總認為「懶惰」，十小時也吃得消。我也認為十小時，工人也未必個個肺結核。「業精於勤」啊！「苦學」啊！「刺股」啊！「囊螢」啊！至於囊螢、追月讀書成名之人，書中之樂，誰人理會？

西洋學校十歲以下兒童，放學就讓他玩，無自修工作。現在上海小學學生，早晨起來關在課堂靜坐。四時回來，玩一個小時，還得讀書讀到點燈時候，晚飯時未必讀完。愈重分的好學生，愈吃虧。我想兒童最要之國民天職在於長大而已，不知天下究竟有何許學問，非十歲以下念來不可？

請小學老師您告訴我，除了加減乘除以外，天下有何許數學不可在三年中學會？請英文教員您告訴我，天下有幾種文法名詞、幾條文法規則，學者不可不知？請教育名流您告訴我，今日學堂有幾間提倡自由看書？請當局您告訴我，有相當學力而無中學文憑者，何以不可投考大學？做成圈套，維持飯碗，而戕害青年者，其無後乎？

我提議教育部應委派一個學生體格調查委員會，巡視各校，作一報告，以為改革教育之參考。

# 學風與教育

## 一、求學之二事

諸位，讀書、求學表面似乎煩難，認真看來只有二事而已，（一）讀書，（二）求師。前者為人與書之關係，後者為人與人之關係。關於第一項，即如何讀書，鄙人已於前日在光華大學演講時論到。

總括一句話，就是「興味到時，拿起一本書來就讀」。此為讀書之本旨，其餘如拿文憑、算分數、升班級，這都是題外的事，與讀書本旨無關。

在學校方面，惟一的義務，是如何與學生充分自由看書的機會。依現在制度，每天搖鈴上課、搖鈴吃飯、搖鈴運動、搖鈴睡覺，不但不與學生充分自由看書的機會，簡直使自由看書成為不可能的事實。

現在大學成績不好，畢業生看過的書極其有限，就是因為現在制度之不良，不與人充分自由看書之機會所致。我曾假定，光華或大夏學生千名，每人以百圓學費，交與學校儘量買書，合千人之學費可得十萬圓，由學校備一極大空屋、許多書架，將此十萬圓書籍放於空屋中，由學生胡亂去翻看，其成績必比一年照例上課的成績優良。現在以十萬元的學費，一成買書，九成養教授及教授妻室子女，實是一種罪過，這是關於讀書方面之結論。

但是有人說這是偏激之論。學問之事，必賴師長之啟迪、指示，及窗友之切磋琢磨。所貴乎學校者，在使幾位孜孜向學的青年能得到前輩學者的教誨誘導，所以十萬圓中以九萬圓養教授，也是天理所容，報銷得過去。

於是我們就不得不來談這求學的第二問題，就是這「人與人的問題」。這人與人的問題，說來也是極其簡單，一句話說，就是端賴於一種空氣作用，就是所謂「學風」。假定某校能造成一種學問的風氣，鼓舞人求學的興趣，這十萬圓的學費也是值得花的。否則可謂失了與人教育之本旨。學校團體苟能造成講學的空氣，辦學成績無不成功。反是就一切的章程制度、設備課程，都是徒然。

現在要與諸位討論的，就是這學風與空氣教育之意義，及今日學風何以不振的問題。

## 二、論讀書的氣味

兄弟個人是深信「學風」二字的一人。「學」是學問，「風」是風氣，這並沒有什麼難解，也沒有什麼玄奧。我深信凡是真正的教育，都是風氣作用。風氣就是空氣。「空氣好」，使一班青年朝夕浸染其中，無論上課不上課，考試不考試，學問都會好的。「空氣不好」，無論考試如何嚴格，校紀如何整飭，學問是不會好的。因為學問這個東西，屬於無形，所求於朝夕的薰染陶養，決非一些分班級、定分數等外表的形式制度所能勉強造成的。

古人所謂春風化雨，乃得空氣教育之真義，必使學者朝夕浸潤其中，如得春風時雨之化澤，不覺中自然薰陶出一個讀書人的身分。

古人又有所謂「世代書香」，一人在良好講學的空氣中薰陶幾年，即使沒有什麼專精的造就，流露出來之談吐舉止，總有滿身的書香，不至於處處露出俗氣、俗態。你們能得了這滿身書香的氣味，即使心理、邏輯、經濟、政治都不及格，也已不愧為一位讀書人，也不致辜負四年入學的光陰。

昔黃庭堅謂：「三日不讀書，便覺語言無味、面目可憎。」梁高祖謂：「三日不讀謝玄微詩，便覺口臭。」我認為你們不升級、不畢業，都不要緊，但斷斷不可口臭，也不可語言無味、面目可憎；這是讀書之第一要義。

## 三、所謂整頓學風

依此法講來，學風者乃學問之風氣，由風氣之感化、薰染而造出一讀書人來。

現在所謂「學風」，已誤解二字之意義。凡講學風者，都是說現在「學風不好」，都主張來「整頓」一下。其實學問之風氣，不過是一種空氣，如何整頓法子？所謂學風好，都是說不鬧風潮、不驅教員、不在飯廳拍桌摔碗，不將校長置之大門之外……等等之類。其實這都失了學風之本意，與講學之風氣無涉。這種所謂的學風是消極的，不是積極的；是注意在保持學生、教員相安一時，不相吵架；不是注意於製造學問的空氣，來做教育的最大的動力。因為沒有這個講學的空氣，所以學風不好。因為學風不好，所以有人為世道人心，狠狠的下了決心要用武力來給他「整飭」一下。

從前，章行嚴掌教育，鑒於學風之囂張，在天安門放機關槍，想靠那架機關槍來整頓學風、維持世道。可惜學生早已聞風而逃，天安門會不到，於是機關槍無法放射，學風無從整頓。而章行嚴悲天憫人之願，不能償還。

後來為了塘沽案件，學生又來到國務院請願，於是整頓學風之機會又來了。幸虧此次軍警佈置周密，大刀、闊斧、鐵鞭、勇士，埋伏得穩妥。由於學生走入虎穴，釀成三一八的慘禍，伏屍流血，盈街載道，而「學風」得以「大振」。這是極端的案例，但是今日之持整飭學風論者，何嘗不是同一心理，雖然不用鐵鞭、大刀、毛瑟槍，卻用了不少無形的武器，要強迫你們規矩念書。

所謂整頓學風，是整飭學校綱紀而已，與學問之事何涉？與講學空氣何關？上焉者最多叫你們考試時不要抄襲，聽先生說話時記得「唯唯諾諾」，有服從的美德。下焉者叫你們不要在飯廳敲摔飯碗，不要跑到教員家裏請教員滾蛋而已。

但是除此之外，於你們的學問何補？須知學校紀律嚴明、校風整飭，不過是多教了一群馴羊，按部就班，升級畢業，勉強過了讀書的苦劫而已。但是註冊部能強你們得學問的皮毛，決不能強你們得學問的神髓；能強你們拿一張文憑回去告無罪於你們的父母家長，決不能強你們讀書成名；能教你們做鄉愿的塾師，決不能教你們做跌宕的文人。要造成跌宕的文人與曠達的學者，還是要依我所謂「空氣教育」著手。

## 四、空氣教育

這個空氣教育，怎樣講呢？我已說過，凡真正有效的教育部是「空氣作用」，在於相當講學的空氣中，使人人見賢思齊，圖自策勵，以求不落人後。誰有這「製造空氣」之本領，便是最好的校長。有了這樣濃厚講學的空氣，上行下效，學問自然會好。我們看古時中國學風之盛衰隆退，都是一種空氣的關係。

凡有一代名儒、大師翕然為天下宗，便成一代獨特的空氣。如清朝，我們可以說是文風極盛之時，如阮文達為總裁會試之時，取士極多，為天下開一種治學的空氣。後來看他在兩江、在江西、在廣東，到處都是提倡講學，到處人士聞風而起。我們看他計劃主編《經籍纂詁》時，其下真是濟濟多士。試問乾嘉時代何以忽然有一班很好的學者？都是因為有一種特別的風氣。

講學之空氣成，人才必出，遠如前朱熹之在白鹿學院講學，顧憲成之主東林書院。近如錢大昕之主紫陽書院，康有為之主萬木草堂；都足以起一代的風氣，這是我所謂真正的學風。無論經學、詞章，以至文人習氣，都是受了這種空氣的支配。阮籍、嵇康放蕩狂肆，天下稱「賢」，而一時士人爭相仿傚。

唐人重詞章，宋人講義理，明人尚氣節，清人講考據，各代有各代的風氣。其在詩詞，比如王漁洋倡神韻，而成一派。袁子才主性靈，又起一重的反應，這其中都是空氣之作用。袁子才之例，尤為明顯，因為他收女弟子，而一時有不少女詩人出現，成為一種風氣，雖經章學誠之反對，終不能制止此種風氣的勢力。

所以學問之道，與女生之時裝相同。風氣所趨，都可不學而能。有時我們聽見過女子說她代數、幾何學不來，但未聽見過有女子不會穿高跟鞋、不會燙頭髮，為什麼呢？因為風氣使然。

所貴乎學校者在一小小的環境之中，師友所談，耳濡目染，都能充滿一種尚學、好學的空氣，足以步步引人入勝；或者未見其書、先聞其書名；或者未聞其書名，先知其作者及作者之身世。如此薰染既久，自然對於學問的大體、思想之流變、現代之趨勢，都能大約了然於胸中了。

## 五、所謂「學風不好」

如此說來，學風二字真不易講。廣義講，學風就是士風，並不限於學校團體。士風卑鄙凋敝，學校裏講仁義，畢業後喪廉恥者，於今天下，真是滔滔皆是。

在上不足為在下的表率，無學術的創著、無堅孤的操行，都想屈於一人之下，立於萬人之上。這些人率軍警、荷槍實彈，要來整頓學風，是無補於實際的。但是我是主張不講仁義道德，「聖人不死，大盜不止」，於今為信。

今日補救道德之惟一辦法，是少拍通電、少歌頌武人的功德。多置牢獄，懲辦貪污的官僚，嚇嚇他們，餘者都是空言無補。所以我們講學風，也應撇開禮義廉恥不講，而僅講學術文章。這狹義的「學風不好」怎麼講呢？一句話說，就是讀書人不讀書、著作界沉寂、學術淺薄、文章委靡，這是今日學風不振之真義。

有外人來問我最近三年，中國出版界有什麼名著、傑作。我告訴他最名貴的傑作還不是「作」，是商務的「影印」百衲本《二十四史》及丁福保的撮集影印《說文詁林》而已。

論述思想之文，連前幾年梁漱溟《中西文化及其批評》一樣的論著，都不可再見。郭沫若的《古代社會之研究》，可謂聊具創解。但是只算一種發軔，未能稱為巨著。其餘書攤所見，都是一些摭拾得來的東西。

其在文學、革命文學甚囂塵上者數年，如茅盾之作品以外，卻極少體大思精之作。同時知識界四分五裂，已入散漫不可收拾之狀；言論界相率「學乖」，噤若寒蟬；

避談政治，如惡蛇蝎；長輩與後輩之間，截然有如鴻溝，失了彼此提攜、勗勵之力。前輩的學行既不足為後輩之表率，青年思想遂失了重心，這是今日學風不振的現象。

## 六、學風何以不好

所以，這樣講，學風之所以不好，因為三十歲以上的人不讀書、不著書。學問之事，必須潛心研究、日積月累，然後有所成就。若非一鳴驚天下的英才，都得靠窗前燈下數十年的玩味思索，然後可以著述。

責二十歲的青年以維持學風的重任，未免說不過去。現此三十歲以上的人為什麼不念書呢？一半因為太忙，學而優則仕，是中國的慣例。你想一人膺黨國之重任，又要憂天下、又要做官監督、又要兼校長、又要念遺囑、又要伺候太太；真是百務蝟集，再叫他們開卷讀書，未免於心不忍。

所以他們大人先生一時被人邀請，蒞校演講，想不起題目，還是來勸你們趁寶貴光陰規矩念書、勿談國事，想把讀書的責任，一齊推到你們身上。如彼拉多洗手將耶穌交給猶太民眾，其亂可憫，而其情實可哀。君子不苛求於人，所以我們情願坐見學風之凋敝，而不可去勸大人先生們看書。

由治學走入干祿，這是中國知識階級未能團固勢力，而埋沒了一部分好漢的大原因。至於三十歲以上未入仕宦的教員，想要讀書，又苦於那讀書的清閒。

古人所謂國家養士，蓋明凡士必待人豢養之理。這從孟嘗君、淮南子等早已開其先例。滿清汪中遺寫信給畢秋帆想敲其竹槓，說：「天下有中，公無不知之理；天下有公，中無窮乏之理。」畢知府給他五百金，這可代表中國文人一向在社會上所佔經濟的地位。現在我們社會破產，養士也養得不好，累得一班大學教授東奔西竄，以求糊口。聽說北平竟有每週擔任七十餘小時的教授。按每週六日工作計算，每日應做十二小時，睡覺之不暇，遑論讀書？這又是犯了以上所謂太忙的毛病。所以我們仍舊情願坐見學風之頹敗，而不可去勸教員先生們讀書、著書。

因為仕與不仕的三十歲以上的知識階級一律太忙，不讀書、不著書；所以無書可讀、所以學不好，這還能怪誰呢？移風易俗，有待時日，整頓學風，談何容易？

所以我還是勸諸位認點晦氣，將讀書責任，由大人先生們的手上接過來，矢志專一，替他們讀書，把一切文憑、學位、校紀章程都置諸度外；到了你們三十歲的時候，也許已經有了多多的著述，有了較好的學風，可為後輩的表率。我知道那時的後學將聞風而起，而無你們帶軍警、毛瑟槍去「整頓學風」之必要了。

# 教育罪言

自維新派倡辦「洋學堂」以至今日，稀奇古怪之制度，層出不窮。其中多拾人唾餘，因緣成法，少有所謂本國教育哲學之討論發生。既不知以美國制（單位制）與歐洲制不同，更不知西歐前進思想家對現行制度之不滿。

如今學堂林立，成績卻非「甚佳」，據教育界中人言，學生程度反有一蟹不如一蟹之勢。最好的對現代中國教育之批評，還在洋人所做國際聯盟來華教育團之報告。豈我全國無一參透教育原理的人，發揮其教育哲學，以改革現行制度？我對教育，一向外行，然而對內行專家，卻不看在眼裏，不知他們所讀何書、所為何事。可見一人學問，也不可過於專門；過於專門，頭腦便會硬化。我暫且就外行人資格，說外行話。外行或許是我的長處，因此反可看見內行人閉眼不見之事實。然一執筆，千端萬緒，齊鑽筆下，聽其自然，必成萬言。無已，乃用近似語錄體，把心中的話拉雜說說。

美國杜威說：「現代教育，如農夫養鴨到市集去賣，強餵粟，粟愈多，秤愈重，而愈好賺錢。」

英國一位彭爵士最近演講，說他從小學至大學，共有九十三位教員，而實際只由一位教員得到學問，一人配九十三個教員之制度，未免太荒謬了。故彭爵士說，他願見一位偉大的教育部長，一位立志要發揮英國國民的天賦才能者，出來創設一種學校制度，可以發展天才，而廢除今日存在的一些無謂可笑的障礙。

中國留學生善用抽水馬桶，美國大學生善修理汽車。但以同級的中國及美國學生而論，還是中國學生用功。

美國一位大學教務主任說：「大半的學生入學，都是因為家庭有錢，大學生中九成不該入學。」

世上沒有一種學校考試，不是一星期中預備得來，否則大半皆須落第。但一星期內可預備的一點知識，一星期內也必可以遺忘。

凡是考試，都是機械、注重記憶、不注重思想的。明朝幾個皇帝、皇帝何名這類問題，甚便於考試。但是你對永樂有何感想，卻不便於考試。明朝的興亡年月的答案，可定七十五分，但一位學生頭腦的清楚程度，無法定為七十五分。

即使考試題目是問感想，學生也必然走入背誦之路。書說莎士比亞之文優點有三點，學生也必然牢牢記住此三點。記得確者，便有一百分。其中受欺者是教員；如果教員真正相信該位百分的學生，果然懂得莎士比亞文之妙處，其結果仍不脫餵鴨的模型。

但是國際聯盟教育團報告說：「教育的目的是培養運用頭腦的能力，並非在灌輸知識。」西洋科學教育現已改良，不注重學生強記書上的事實（如原質共計幾種、某物之化學公式如何），而專在提倡觀察的習慣及實驗的精神與技術，注重學生明白何以知某物之化學公式是如此，及其論斷有無錯誤之可能。但是其他科目，卻常常失了此旨。

學校真正的考試，（一）是口試，與學生泛談，看他普通知識及論斷的能力如何。（二）是作文考試，由作文中一方看出他文字的進步，一方看出他思想之態度。每期學生進步必可由作文中看出來。

小學課程科目之繁多，看了可以驚人。但是老實講，小學生所需要除了國文、筆算（加乘除）及常識（包括各科）以外，還有什麼？

須知小學、中學課程何以這樣繁多，是因為編訂課程標準時，各科有專家，替各科爭鐘點。算學專家，極力說明算學之重要。地理專家，極力說明地理之重要。外國史專家，又極力說明外國史之重要。於是你也要加鐘點，他也要加鐘點，至於小孩自身，卻無人過問。

以數學一科而論，由筆算到代數幾何之普通必要知識，是兩年中，最多三年中，可以學得來的。現在卻是由小學一年級到高中三年級一直十二年，每星期都有算學幾個鐘頭，不知算學專家曾經算出此中的浪費否？

美國有教育家試驗兩班學生，一班自小學算法七年，及一班等學生十四歲才教一年算學。其結果，一年學習與七年學習的兩班學生算學程度相同。

教科書作者及教員也有罪過。算學專家必以出難題為樂、文法專家必以出文法難題為樂，有此難題，便可看出他或她學問高學生一等。至於難題有無用處、是俗是僻，皆不為意。小孩自身利益也無人過問，此之謂學究教育。

有一件最明顯而常被忽略的事，就是學生在學堂絕無工夫讀書。凡上課時皆不許讀書，然而一天最寶貴的工作時間都在上課。上課時間翻開書讀是孬種、是欺師、是不道德、是違校規。

故大半青年的有用時間，幾乎耗費在被禁坐而不許讀書狀態中。

上課時間之耗費學生精神不外兩法。（一）考問。試問考問半小時，此期間內學生增加什麼知識？況且大半是聽別的學生答錯。凡能靜坐皆好學生。（二）演講。演講是耗費學生寶貴光陰的二十世紀大發明。

聽講與讀書之別有三：（一）聽講一小時可聽進要緊精采兩句話，餘者如東風過耳。（二）到精采處，讀書可以認得精確，可以任你揣摩一番、明辨一番；但在聽講，即使如何記錄也決不敢自信無誤。況且上海大學學生的筆記工夫我是看見過的。（三）書上的話，至少是經過精心考慮、細心寫作而來的，著者又多半是抒其心得。課室上的講義多半是可有可無、一知半解、不甚精到的話，未必比得上讀一本好書。

著書教育與上課教育也不同。（一）著書的效力比教書大、受益者多。（二）著書的成績過後仍然存在，教書演講一小時用盡多少氣力，有誰自信能有幾句被學生聽進去，聽進去又有幾位真能揣摩思省。

然而現行教育制度，認為書不比講義好，讀書得益不如聽講，所以令學生聽講，禁止學生讀書——若令學生讀書而不聽講，教員還有飯吃麼？

一位大學生每星期三小時聽講，一學年大約聽到、記得極草率而不得要領的

六、七十頁講義。其功效不及細心讀兩小時好書。

憑此六、七十頁的草率講義，與教員討價還價、打個折扣，便可以取得心理學或外國史八十三分。是可忍也，孰不可忍也？

一人讀一本三十萬言小說，只要三、五天。但是一學期最多讀到四十篇文選。靠此四十篇文選，如何叫國文進步？所以，凡國文好的人，都是看小說、看雜書得來的。

現代大學畢業生真正讀過的書平均約二十本，其中有心得約三本，其學問程度與以前秀才、舉人差不多。

現代教育叫一人從六歲讀起，讀到二十二歲大學畢業，共十六年，然而許多畢業生連中文信都還寫不通。此而可謂理想經濟的教育，無人想改革，必是其中另有一個制度，拿青年的精神光陰糟蹋，從中取利，如有人敢言改革，必有許多學者及教育專家提出來反對。

由此觀之，現行教育制度，壽命仍然甚長。

# 談理想教育

## 一

舉凡世界上做事最無聊、最難受的，就是遇著一種不進、不退、半生不死的情境。如做生意發財也痛快、破產也痛快，最可怕的是不得利又不至於破產的，使一人將半世的精神，在一種無聊的小生意上消磨淨盡。

如生病，爽爽快快的死也好，痊癒也好，只不要遇著延長十年將死未死的老病。凡遇著此種境地，外國人叫做「bored」，中國人就叫做「無聊」。

今日教育就是陷入此種沉寂無聊，半生不死的狀況。我們在睡餘夢足或在孤窗聽雨時候，捫心自問，難免感覺到一種精神上的不安——好像天天做著事，又好像無一事可做；好像天天忙，又好像忙無結果。

倘是教育真陷入完全停滯之境，我們心裏倒可覺得痛快些。因為至少可不至於到處被人家稱為「教授」、「教育家」——這是多麼難為情的境地。教育永遠不陷入停滯狀況，我們與人交遊或通信上，永遠免不了要聽人家口口聲聲的稱呼「某教授」、「某某大學教授」。稍有良心的教授，聽這種稱呼難免覺得一條冷氣從脊骨中，冷顫得由上而下的侵下去。

我不是說一個人受了四年的大學教育尚可以懂得學問，尚可以懂得人情事理是絕對不可能的事。我不過說，倘是一個人受過四年中學、兩年預科、四年大學教育之後，尚可以懂得人情事理，甚至於懂得學問，那真是千幸、萬幸的事了。

這並不是我說笑話，今日教育之實情是如此。「人情事理」根本不存在於我們的教育範圍裏，若是有這種方針，那是我沒有見過。我們的目的是教書而不是教人，我們是教人念書，不是教人做人。若是一個學生於念書之餘尚記得做人的道理，那完全用不著我們來代他負責。

我們聽見過某某學生因為心理學五十九分，或是邏輯四十八分而不能畢業（雖然如何斷定一個人的邏輯四十八分，我未明白），然而我們的確未嘗聽見過有某學堂要先考一考學生——「人情事理，你懂嗎？」才可畢業的。

所以郁達夫先生曾經做文章，勸一位青年不要只想進大學，因為恐怕他白費了幾年的光陰及一、兩千塊錢；變出一個當兵無勇氣、做苦力沒禮貌、做鼠竊沒膽量，除去教書外，一技無能、軟化了的寒酸窮士。若是出於愛護的本心，便是極好的議論，若是要以此來責備當代之大學教育，哪怕就罵得不對勁兒。因為今日的大學教育根本以書為主體，非以人為主體，責之以不能養出社會上活潑有為的人格，豈非等於向和尚借木梳，向尼姑借篦櫛一樣無理的要求嗎？

無論如何，把一個正經長大的青年送進學堂裏頭十幾年，使他完全與外邊的社會隔開，與天然的人群生活分離。既沒有師長的切磋，又沒有父兄的訓導，只瞎著眼早念書、午念書，晚上又念書，是使此青年不懂人群生活的絕頂妙法的。結果是滿肚子的什麼主義、什麼派哲學，而做事的經驗閱歷等於零；知道愛因斯坦的相對論，而不知道母雞不要公雞，是否可以生雞子兒。

如今不但我們的方針不對，就我們所用的教育方式也很可懷疑。若「學問」是我們大學教育的方針，就所以達此方針的教育方式，也不可不考量。我們現代之所謂學問有趣極了。不但是有體質的，並且有重量；是可以拿秤來秤量的。

今日談大學教育者之心理，以為若設一種「非八十單位不能畢業」的條例，嚴格的執行、嚴格的考試，決不通融、決不寬鬆，這樣一來，四年級八十單位，每年級二十單位。若是一學生三學年只得五十八單位，那麼第四年請他補習兩單位，湊成二十二單位；八十單位補足，那他必定逃不了做有學問的人，出去必定是大學的榮耀了。

原來掩耳盜鈴的本領並不限於軍閥與官僚，若是我們的邏輯不錯，有八十二立方寸學問的人，若願借兩立方寸給他一位只有七十八立方寸學問的，我們當然沒有什麼理由可以阻擋這兩人一同畢業。（但對這一點上，尚不免懷疑，這得問一問各學堂註冊，是不是可以「借」的？）

不但此也，如以上所謂每立方吋的學問裏的頁數也有一定的。比方近代歷史一立方吋，即丁先生講義兩百七十五頁，兩百七十五頁讀完便是近代歷史的學問一立方吋。文字學學問一立方吋是徐先生講義一百五十三頁（限定一學年讀完，不許早、不要遲，若是徐先生特許八頁免試，便是實數一百四十五頁。一學年分兩學期，每學期十八個星期，共三十六星期；每星期限定念四頁正好，不許多、不許少。）如此積頁數而得幾許立方寸，而積立方寸而得一張文憑。雖曰未學，註冊部亦必謂之學矣。

原來此種以數頁數及數單位而衡量學問的方法，的確是純由西方發明的，於我國書院制度末之前聞也。

記得杜威曾經說過，現代的教育好像農夫要趕鴨到城裏去賣，必先飽餵之以穀類，使頸下胸前的食囊高高的凸出來，然後秤秤其輕重，鴨愈重即其價格愈高。其實杜威先生說錯了話，他忘記在本問題上——秤者與被秤者原來是同類的動物。

二

以上既談到現代教育之根本乖謬，此地可略談我們所謂「理想教育」。這教育理想當然於現在是無實現之可能。然實現與不實現都不相干，我們在此沉寂無聊的教育生活中，所能求的安慰是一種畫餅充飢、望梅止渴之辦法而已！

且既不希望其立刻實現，我們可不為環境之逼迫，來限制我們理想的計畫；又可不必派代表奔走於一些無信義的官僚之門，以求得一涓滴之賜，豈非快事？

我們可以儘量的發揮我們理想大學的計畫，基金等等問題盡可不顧。我們可以儘量夢想一個怎麼樣的理想大學，可以給我們的子弟理想地上最完備的教育；怎麼一個理想大學可為學者優遊永日、寢食不離、終身寄託之所；怎麼一個山水幽麗、水木清華、氣候佳宜、人也理想、地也理想、環境也理想的大學，可以當作教育界的普陀山；我們可以夢見怎樣一個設備完善的大學，可以使我們忘記現今教育界之沉寂無聊。

一個理想大學的最重要條件，就是學堂應該充滿一種講學、談學的空氣氣氛。此空氣製造之成功與否，是大學教育成功與否的關鍵處。

講學空氣之由來，最重要的即在於學堂之房屋外觀。學堂外觀之最重要部分，就是一座頹圮古樸、苔痕半壁、匾額字跡倒不可復認的大門。

其餘一切學堂的房屋、樹木、場所周圍，亦必有一種森嚴古樸的氣象，使人一跨進大門如置身另一天地，忘記我們一切的俗慮、俗冗，好像在此周圍內惟一要緊的事件是學問、是思想。

因為我們都明白物質的環境與人們思想生活密切的關係。在上海南京路念經，念一百年也不能成佛。佛家最明白這條道理，教育家若不懂，只須遊一趟東海之普陀與西山，便可不待我的斷斷多辯。

大凡世界的宗教家都明白這條道理，西方羅馬天主教的教堂便是很好的例子。我們一進那高聳的深邃黝黑的禮堂，看見那一線暗淡和平的陽光，從極高的染色玻璃窗上射到那檢樸的森嚴的座位上；聞見那滿屋的大香味，又聽見那雄壯清嘹的琴聲，即使不怎麼相信天主教的人，也可以幾分領略信天主教的好處，和一些所謂的精神上的安慰。

宗教如此？學問何獨不然？一人的學問非從書上得來，乃從一種講學、好學的空氣中得來，使一青年浸染此種空氣中三年，天天受此環境之薰陶，必可自然的、順序的、快樂的，於不覺中傳染著好學的習氣。就算不能立刻得到如何的鴻博學力，也至少得一副鴻博的臉孔；至少跟他談學問時，不至於每每來向你要講義。

最怕的是，一個像清華學校這樣嶄新、白亮的一個大門。除去一個蒼茵滿佈、字跡模糊，將傾未傾的大門及圍牆，使人自遠望之，若一片空谷荒野或宮園故墟。牆內應該這裏有一座三百年的古閣、那裏有一片五百年的頹垣、甚至於無一屋頂、無一棚欄、無一樹幹。無一爬牆虎的葉尖，不帶著一種老大古樸的氣象。

有一種像這樣空氣環境的學堂，可以講學了。像我們北大第一院，工廠似的所謂沙灘兒大樓，無論如何講學是講不下去的。

除了物質的環境外，我們可以說師生在課外自然的接觸，乃理想大學最重要的特色。——最重要的教育，乃註冊部毫無法子記分數的教育；真正的學問，乃註冊部毫無法子訂定升級、留級的學問。

在理想大學中，上課的手續乃一種形式上的程序而已（且通常絕無考試，與德國大學例同），教員、學生不上課則可（非強迫的），在課外無相當的接觸則絕對不可。因為若是我們的推測不錯，「教育」二字應解做一種人與人的關係，不應當解做一種人與書的關係。

一個沒學問的人，因為得與有學問的人天天做接觸，耳濡目染，受了他的切磋砥礪、傳染著他好學的興味、學習他治學的方法、明白他對事理的見解——這是我所謂的「教育」。

威爾遜說得好，看書不一定使人成為有思想的人，但是與思想者交遊，通常可以使人成為有思想的人。

課堂中的學問常是死的、機械式的，在課堂外閒談時論到的學問才是活的、生動的、與人生有關係的。課堂內的學問，大都是專門的學問；課堂外的學問，出之偶語私談之間，乃是「自由的學問」（liberal education）。

古人有楹聯曰：「常思先輩尋常語，願讀人間未見書。」此「尋常語」三字即同此義（自由的學問）。讀王陽明的《傳習錄》（雖是他尋常語之一部），無論如何不及親聆王陽明教誨之為愈。

以今日視課堂為教育中心的教育方式，師生上課相見、下課相忘，學生孳孳以講義頁數為生命。不用說沒有賢者可為學生的師資；就是有賢者，學生也決沒有機會聽到他們的「尋常語」。

理想大學中的生活，必使師生課外有充分的交遊與談學機會，使學生這裏可與一位生物學家談「樹葉的歷史」、那裏可以同一位心理學家談「夢的心理分析」，在第三處則可以聽一位音樂專家講「霍夫曼的趣聞」——使學生無處不感覺到學問的生動有趣。

所以「理想大學」應該是一大班瑰異、不凡人格的吃飯所，是一國賢才薈萃之區，及思想家、科學家聚集之處。使學生日日與這些思想家、科學家交遊接觸，朝夕談笑，起坐之間，能自然的受他們的誘化陶養、引導鼓勵。

理想大學應該不但這裏有一座三百年的古閣、那裏有一片五百年的頹垣，並且這裏可以碰見一位牛頓、那裏可以碰見一位佛羅特；東屋住了一位羅素、西屋住了一位吳稚暉；前院是惠定宇的書房，後院是戴東原的住所。

這些人物不必盡是為教書而來，只是以學堂為其永遠住所而已。故以上所謂「吃飯所」，不只是比方而已，乃真正指「吃飯」而言。他們除了吃飯之後，對學堂絕無何等的義務，在學堂方面之所以借這些人，是以造成一種濃厚的講學空氣。

因為一個學堂，沒有這些人的存在，而徒靠數十個教員，決不足以掩蔽幾百個待學青年的烏煙瘴氣。故一面必須限定學生的人數（多則不能人人得以與師長親密的接觸），一面必增加鴻博師儒之數額。此則略近於英國大學「fellows」的制度，在本篇中可暫譯以「學侶」二字。

如羅素與狄更生，就是劍橋大學單吃飯不教書學侶之一。他們除了有終身在學校的居住權利，及每年得薪俸兩百五十英磅為雜費及旅費外，對於學堂絕無一定之義務，且出入旅行有充分的自由。

英國大學之有這種方法，一方面是替國家保護天才之意，使他們得以永遠脫離物質外境的壓力，專心致志於學問、思想及生活上面，可以從從容容的增進他的學業，培養他的德性。一方面是使大學成為一個很有趣味的社會團體，並使其大學裏頭的社會生活，成一優異可愛的生活。

所以理想大學不但是一些青年學者讀書之處，還是一些老成學者的讀書之處。大學裏頭不但有繳學費才許念書的學生，並且有一些送薪俸請他念書的大學生。繳學費念書的學生，雖常有很可造就的天才；然送薪俸請他念書的學生，能夠對於學術思想上有重大的貢獻。

最後關於學生「畢業」問題即今日教育所公認為最重要問題，我也不能不說幾句。我說這是教育界所公認為最重要問題，因為我們公認讀書的目的是要「畢業」。理想教育所最怕談的是「畢業」二字，不必說學業之於學者並沒有告畢之時，命名之根本不通，就說要想出一種評量學生的學問程度的好法子也絕想不出來。理想的教育並不是不願意想出一法，把某甲與某乙的學問比較一下，變成阿拉伯數字可以寫出來的，準確的、精密的、不誤的分數，但是理想教育始終不承認自有史以來，即有這種法子，而且已經被人發明。就實際方面著想，畢業二字也不過說一人的學問，已經達到「比較可以」的程度而已。

此所謂「比較可以」的感慨，只有與該學生相近的教員或導師能夠感覺得到。所以依理想教育計畫，我們應該實行「導師制」（tutorial system），每個學生可以自由請一位教員做他個人的導師；一切關於學問上的進行方針，及看書之指導專托於此一人之手。

此導師取之教授也可，取之於「學侶」院中人也可，只須得到他們的同意。導師應就學生學問之興趣與缺點，隨時加之指導；且時予以談學之機會。若是一個學生的程度可以使他的導師覺得已達到「可以」的程度，於必要時就請他的導師給個憑據也可以，認此學生為該導師之門人。

故畢業之事全與學校無關，而為導師個人的私事。同一學院畢業，或為梁任公的門人，或為章炳麟的門人；梁任公或章炳麟之所認為什麼是「可以」程度，則全由梁任公、章炳麟以私人資格而定。

各導師之門人的程度，或高或低，本不相干，因為這可由各導師自己負責。至於此文憑之程式，也由個人自定；印的也成、寫的也成、寫在便條紙上也成、寫在毛廁裏用的粗紙或信封上面也成。因為這文憑是最不要緊的事。

我們理想教育完全實行時候，應該完全用不著文憑，應該一看那學生的臉孔，便已明白他是某某大學畢業生。若由一學生的臉孔及談話之間，看不出那人的大學教育，則那個大學教育也就不值得給什麼文憑了。

# 論談話

「與君一夕談，勝讀十年書。」這是一個中國學者在和他朋友談話之後發自內心所說的話。

這確是一句真話；「一夕談」現已成為流行的詞語，表示一個人曾經和朋友暢談一晚，或將來要和朋友暢談一晚。

中國有兩、三本書叫做《一夕談》或《山中一夕談》，和英國的《週末雜文集》（Weekend Omnibus）相同。這種和朋友夜談的無上快樂自然是很難得的，因為李笠翁說過，智者多數不知如何說話，說話者多數不是智者。

因此，在山上的廟宇裏發現一個真正了解人生，同時懂得談話藝術的人，一定是人生一種最大的快樂；像天文學家發現一顆新行星，或植物學家發現一種新植物一樣。

人們今日在嘆息爐邊或木桶上的談話藝術已經失掉了，因為目前商業生活的速度太快了。我相信與這種速度頗有關係，可是我同時也相信把家庭變成一個沒有壁爐的公寓，便無疑在破壞談話的藝術，此外，汽車的影響更把這樣藝術破壞無遺。

那種速度是完全不對的，因為談話只有在一個浸染著優閒的精神的社會才能存在；這種優閒的精神包含著安逸、幽默和語氣深淺程度的體會。因為說話和談話之間確實有差異之處。

在中國語言中，說話和談話是不同的，「談話」指一種較多言、較閒逸的會談，同時所說的題目也比較瑣碎，比較和生意經無關。商人函件和名士尺牘之間也可以看出同樣的區別。我們可以和任何人談論生意經，可是真正可以和我們做一夕談的人卻非常少。

因此，我們找到一個真正可以談話的人，其快樂是和閱讀一個風趣作家的著作相同（如果不是更大的話），而且還有聽見對方的聲音、看見對方的姿態的快感。當我們和老友欣然重聚的時候，或和同伴在夜車的吸煙室或異地客棧裏暢敘往事的時候，我們有時也可以找到這種快樂。

大家談到鬼怪和狐精，雜著一些關於獨裁者、賣國賊的有趣軼事和激昂的評論，有時在不知不覺之中，一個有智慧者和健談者提起了某國所發生的事情，預言一個政權的傾覆和改變。這種談話使我們一生念念不忘。

談話當然以夜間為最好，白天總覺得乏味。說話的地方在我們看來是毫不重要的。我們無論是在一間十八世紀法國女士的沙龍中，或於午後坐在田園中的木桶上，都可以暢談文學和哲學。或是在風雨之夕，我們在江舟上旅行，對岸船上的燈光反射於水上，舟子對我們敘述慈禧幼時的軼事。

老實說，談話的妙處乃是在環境次次不同，時地人物次次不同。關於這種談話，我們有時記得是在月明風清、庭桂芬馥的夜間；有時記得是在風雨晦冥、爐火融融的時候；有時記得是坐在亭上，眺望江舟順流下駛，也許看見一舟在急流中傾覆了；有時又記得是午夜以後坐在車站的候車室裏。

這些景象和那幾次的談話聯繫起來，在我們記憶中永不磨滅。房中也許有兩、三人，或五、六人；或那夜老陳有點醉意，或那次老金有點傷風，鼻音特重等等細微的事，都會使那夜的談話更加風趣。

人生「月不常圓，花不常好，好友不常逢」，我們享享這種清福，我想必非神明所忌。

大概談話佳者都和美妙的小品文一樣，無論在格調方面和內容方面，談話都和小品文一樣耐人尋味。

狐精、蒼蠅、英人古怪的脾氣、東西文化之不同、塞茵河畔的書攤、風流的小裁縫、我們的統治者、政治家和將家的軼事、佛手的保藏法——這些都是談話的適當題目。

談話和小品文最雷同之處是在其格調之閒適。無論題目是多麼嚴重、多麼重要、多麼地牽涉到祖國的慘變或動亂，或文明在瘋狂政治思想的洪流中的毀滅，使人類失掉了自由、尊嚴，甚至是幸福的目標，或甚至牽涉到真理和正義的重要問題；這種觀念依然是可以用一種不經意的、優閒的、親切的態度表示出來。因為在文化中，對於剝奪我們自由的強盜無論多麼恨惡，我們最多也只能以唇邊的微笑來表示我們的情感，或由筆端來傳達我們的情感。我們真有激昂慷慨、情感洋溢的議論，也只能讓幾個好友聽見而已。因此，真正談話的必要條件是——我們能夠在一個充滿優閒和親切的房間，來表達我們的意見，而身邊只有幾個好友，沒有其他礙眼之人。

我們拿一篇美妙的小品文和政治家的言談來做對比，便可以輕易地看出這種真正的談話，和其他交換意見的客套商議差別。

政治家的言論裏，雖然表達了許多更崇高的情感，如民主主義的情感、服務的欲望、對窮者福利的關懷、對國家的忠誠、崇高的理想、和平的愛好，及國際永久友誼的保證，同時又完全沒有提到貪求名利權勢的事情。然而，那種言論有一種氣息，使人敬而遠之，像一個衣服穿得過於華麗或脂粉塗得過厚的女人。

在另一方面，當我們聽到一番真正的談話或讀到一篇美妙的小品文時，即有如看見一個淡雅樸素的村女，在江邊洗衣，雖然頭髮微亂，或第一個鈕釦不扣，但反覺得可親、可愛。這就是西洋女子褻衣（negligee）所著重的那種親切的吸引力和「講究的隨便」（Studied negligence）。一切美妙的談話和美妙的小品必須含有一部分這種親切的吸引力。

所以，談話的適當格調就是親切和漫不經心的格調，在這種談話中，參加者已經失掉他們的自覺，完全忘掉他們穿什麼衣服、怎麼說話、怎麼打噴嚏及把雙手放在什麼地方，同時也不注意談話的趨向如何。

談話應是遇見知己，開暢胸懷，一人兩腳高置桌上，一人坐在窗台上，又一人則坐在地板上，由沙發上拿去一個墊子充當坐墊，使三分之一的沙發空著。因為只有當你的手足鬆弛著，而且身體的位置很舒服的時候，你的心靈才能夠輕鬆閒適，到這個時候：

對面只有知心友，
面旁俱無礙目人。

這是談話的絕對必要條件。說既無所不說，結果越談越遠，毫無次序，毫無拘束，盡歡而散。

優閒與談話之間的聯繫是這樣的，其蓬勃發展之處的聯繫也是這樣的；所以我相信一國最精練的散文，是在談話成為最高尚藝術的時候，才產生出來的。在中國和希臘的散文的發展上，這一點最為明顯。

在孔子以後的年代裏，中國人的思想很有活力，結果產生了所謂「九流」，這是由於當時已經有一種文化背景，在社會上有一派以談話為業的學者。

為了證明我的理論，我可以舉出至少五個富有的貴族，這五個貴族均以慷慨、俠氣、好客著稱，而且都各自集有數千的食客。例如齊國孟嘗君有食客三千人，穿著「珠履」，住在他家吃飯。在這樣的家裏，我們可以想見其間談話是多麼地嘈雜而熱鬧。

我們由《列子》、《淮南子》、《戰國策》和《呂氏春秋》這些書裏，可以曉得當時學者的談話內容。《呂氏春秋》據說是呂不韋的賓客所寫，而以呂氏的名字出版的，和十六、七世紀英國作家的「保護者」（patrons）一樣，這部書裏已經有了一些關於「豐富生活」的觀念，認為一個人最好可以過著豐富的生活，否則還不如不生活之為愈。

除此之外，社會上還產生了一派聰明的巧辯家以及專門的說客，他們受著各交戰國的聘請，做外交官到外國去遊說，使危機不至於發生；或勸敵軍撤退，使危城得以解圍；或締造同盟條約。這些專業的巧辯家往往以他們的機智、聰明的譬喻，和勸說的能力著稱。這些巧辯家的談話或聰明的辯論都記載在《戰國策》一書裏。

這種自由而詼諧的空氣，產生了一些偉大的哲學家，如楊朱，以其玩世主義著稱；韓非子，以其現實主義（和義大利十五世紀的大政論家馬基雅弗利（Machiavelli）的理論頗為相同，不過比較溫和）著稱；大外交家晏子則以其機智著稱。

公元前三世紀末葉的社會情形，大概由《李圓納娟》一段，稍稍可看出：李圓將其「女弟」（編按・「妹」的別稱）介紹給楚春申君，又由春申君介紹給楚王，大得楚王的愛寵。後來楚國之所以被秦始皇滅亡，與此事頗有關係。

昔者楚考烈王相春申君吏李圓。圓女弟女環謂圓曰：「我聞王無嗣，可見我與春申君，我欲假欲春申君，徑得見王矣！」圓曰：「春申君貴人也，千里之佐，我何敢托言？」女環曰：「既無不我，汝求渴于春申君才人，告遠道客，請歸待之。彼必問汝，汝家何遠道客者。因對曰：「圓有女弟，魯相聞之，使使者來求之圓。」才人使告圓者。彼必問汝：「女弟何能？」對曰：「能鼓琴，讀書，通一經。故彼必見我。」

圓曰：「諾。」明白辭春申君：「才人有遠道客，請歸待之。」春申君果問：「汝何等遠道客？」對曰：「圓有女弟，魯相聞之，使使求之。」春申君曰：「何能？」對曰：「能鼓琴，讀書，通一經。」春申君曰：「可得見乎？明使待于離亭。」圓曰：「諾。」既歸告女環曰：「吾辭于春申君，許我明日夕待于離亭。」女環曰：「圓宜先供待之。」

春申君到，使人呼環，女環至，大縱酒。女環鼓琴，曲未終，春申君大悅，留宿……

這種有教養的女子和有閒的學者的社會背景，結果造成了中國散文首次的重要發展。有女子能談話、能鼓琴、能讀書，的確是男女交際談話的風度。這無疑地有點貴族氣，因為楚相春申君是不易見到的。然而有女子能鼓琴，讀書，通一經，卻非見不可。這便是中國古代巧辯家和哲學家所過著的有閒生活。這些中國古代哲學家的書籍，不外是這些哲學家閒談的結果。

有閒的社會，才會產生談話的藝術，這是很明顯的；談話藝術的產生，才有好的小品文，這也是一樣明顯的。大概談話的藝術與小品文，在人類歷史上都比較晚出，這是因為人類對於心靈之體會，必須有相當的技巧，而這種技巧只有在這有閒的生活裏才能夠產生。

我知道今日享受有閒的生活，多屬於可惡的有閒階級，在共產黨看來，這已經是反革命的行為。可是我相信真正的共產黨主義及社會主義，都是希望大家都能夠有閒，或有閒能夠普遍。所以有閒並不是罪惡，善用其閒，人類文化始可發達，談話乃其一端。商人終日孳孳為利，晚膳之後，熟睡如牛，是不會有益文化的。

「閒」有時是迫出來，而不是自己去求的。有許多文學佳作是在監牢中產生出來的。當我們看見一個很有希望的文學天才，耗費精力於無益的社交集會或當前政治論文的撰作時，最好的辦法是把他關進監牢裏。

須知文王的《周易》和司馬遷的傑作《史記》都是在監牢裏寫出來的。有時文人落第、不得志，乃寄憂憤於文章，故而產生了偉大的文學作品或藝術品。

元代有那麼偉大的畫家和戲曲家，清初有石濤和八大山人那麼偉大的畫家，原因便在這裏。

他們在異族的統治下感到無上的恥辱，這種感覺鼓起了他們的愛國心，使他們專心致志於藝術和學問。石濤無疑地是中國過去所產生的最偉大的畫家，他在西洋之所以不大著名，乃是因為滿清的皇帝不願使這些不同情清朝政府的藝術家得到應得的功名。

其他落第的偉大作家開始把他們的精力昇華起來，朝著創作之路走去，因此施耐庵和蒲松齡能夠寫出《水滸》和《聊齋》來。

《水滸傳》序雖未必出自施之手筆，然其言朋友過談之樂，實在太好了。

其文曰：

吾友畢來，當得十有六人，而畢來之日為少。非甚風雨盡不來之日亦少。大率日以六、七人來為常矣，吾友來，亦不便飲酒，欲飲則飲，欲止則止，各隨其心，不以酒為樂，以談為樂也。

吾友談不及朝廷，非但安分，亦以路遙傳聞多，傳聞之言無實，無實即唐喪唾津矣。亦不及人過失者，天下之人本無過失，不應吾詆誣之也。所發之言，不求驚人，人亦不驚。未嘗不欲人解，而人醉亦不能解者，事在性情之際，世人多忙，未曾常聞也。

《水滸傳》既在這樣的環境和情感中產生，而所以能產生，即是因他懂得享受空閒。

希臘散文也是在這種有閒的社會背景下勃興。希臘人思想那樣細膩，文章那樣明暢，都是得力於有閒的談話。

柏拉圖書名《談話》（Dialogues）可為明證。《宴席》（Banquet）一篇所寫的全是談話，全篇充滿了席上文士、歌姬、舞女和酒菜的味道。這種人因為善談話，所以文章非常可愛，思想非常清順，絕無現代廊廟文學的華麗委靡之弊。

這些希獵人顯然知道怎樣運用哲學的題目。比如費德魯斯（Phaedrus）（編按・

羅馬預言家，是第一個用拉丁文寫全部寓言故事的作者。約西元前十五～五十年），一開題便描寫希獵哲學家的可愛的談話環境，他們的好談，及他們對暢談和選擇談話環境的重視。這使我們明白希臘散文勃興的情形。

柏拉圖的《共和國》也不像一些現代作家那樣，一開頭便用「人類文化之發展過程，乃是一種由龐雜而至統一的動物運動」一類的迂腐之辭。

它所用的乃是這麼閒適的一句話：「我昨天同格勞科斯（Glaucus）、亞里斯多（Aristo）的兒子，到比里夫斯（Piraeus）去向女神禱告；同時順便去看看第一次舉行的廟會光景。」

中國古代哲學那種非常活躍而有力的思想，我們也可以在希臘的社會中找到；比方在《宴席》中，他們所談的是「寫悲劇的偉大作家，應不應該也成為喜劇的偉大作家」等問題，但是席上是莊諧雜陳；名士時或笑謔蘇格拉底的飲量，蘇底拉底可以飲，可以不飲；興則自飲，也不管他人飲否。

這樣一講，講到天亮，蘇格拉底還是健談如故。但聽眾睡去了，只剩了兩人，可是不久喜劇家亞里斯托芬（Aristophanes）也打盹了，跟著亞伽通（Agathon）也入睡鄉。蘇格拉底沒辦法，只好獨自出來，到蘭心花園（Lyceum）（編按：指亞里斯多德教授生徒之處）洗個澡，那天照樣精神不倦。希臘哲學就是在這種暢談的環境中產生出來的。

在風雅的談話中，我們需要女人提供一些必要的瑣碎材料，因為瑣碎的材料是談話的靈魂。如果沒有瑣碎和輕快的成分，談話一定會立刻變得滯重乏味，而哲學也會變成脫離人生的愚蠢學問。

無論在哪個國家或哪個時代裏，當社會有一種認識生活藝術的文化時，社交集會中往往產生一種歡迎女子的風氣。佩里克利斯（Pericles）時代的雅典是這樣的，十八世紀法國沙龍的情形也是這樣的。

甚至在中國男女社交不公開的環境中，中國的男學者也在要求女人參加他們的談話。

在晉、宋、明三朝中，談話的藝術很發達，談話成為一種風氣，於是也就有了才女，如謝道韞、朝雲、柳如是諸人。中國人與妻儘管舉案齊眉，以禮相守，但是要求才女的心，終未消滅。

中國文學史和歌女的生活關係頗深。人們要求風雅的女子參加談話，乃是一種普遍的要求。我曾碰到一些健談的德國女子，對經濟學甚為熟識，使我驚奇不已，因為我對這個科目永無研究的勇氣。

可是據我看來，縱使周遭沒有女子可以和我辯論馬克思和恩格斯，只要有幾個女子露著沉思的可愛態度在傾耳靜聽，談話也可以風趣盎然。我往往覺得是比和呆頭呆腦的男人談話更有樂趣的。

# 論幽默

One excellent test of the civilization of a country I take to be the flourishing the comic idea and comedy‥and the test of true comedy is that it shall awaken thoughtful laughter.

——George Meredith‥Essay on Comedy

我想一國文明的極好的衡量，是看他喜劇及俳諧之發達，而真正的喜劇的標準，是看他能否引起含蓄思想的笑。

——梅瑞狄斯〈喜劇論〉

## 上篇

幽默是人生之一部分，所以一國的文化到了相當程度，必有幽默的文學出現。

人之智慧已啓，對付各種問題之外，尚有餘力，從容出之，遂有幽默——或者一旦聰明起來，對人之智慧本身發生疑惑，處處發現人類的愚笨、矛盾、偏執、自大，故幽默也就跟著出現。

如波斯之天文學家詩人荷麥卡延姆，便是這一類的。「三百篇」中唐風之無名作者，在他或她感覺人生之空泛而唱：「子有車馬，弗馳弗驅，宛其死矣，他人是愉」之時，也已露出幽默的態度了。

因為幽默只是一種從容不迫的達觀態度，〈鄭風〉中「子不我思，豈無他人」的女子，也含有幽默的意味。到第一等頭腦如莊生出現，遂有縱橫議論、捭闔人世之幽默思想及幽默文章，所以莊生可稱為中國之幽默始祖。太史公稱莊生滑稽，便是此意，或索性追源於老子，也無不可。

戰國之縱橫家如鬼谷子、淳于髡之流，也具有滑稽雄辯之才。這對中國文化及其精神生活，確乎是精力飽滿，放出異彩。九流百家，相繼而起，如滿庭春色、奇花異卉，各不相模，而能出自奇態的爭妍。

人之智慧，在這種自由空氣之中，各抒性靈，發揚光大。人之思想也各走各的路，格物窮理，各逞其奇，奇則變，變則通，故毫無酸腐氣象。

在這種空氣之中，自然有謹願與超脫二派，殺身成仁，臨危不懼，如墨翟之徒；或是儒冠儒服，一味做官，如孔丘之徒，這是「謹願派」。拔一毛以救天下而不為，如楊朱之徒；或是敝屣仁義，絕聖棄智，看穿一切，如老莊之徒，這是「超脫派」。有了超脫派，幽默自然出現了。

超脫派的言論是放肆的、筆鋒是犀利的、文章是遠大淵放而不顧細謹的。孜孜為利及孜孜為義的人，在超脫派看來，只覺得好笑而已。儒家斤斤拘執棺槨之厚薄尺寸、守喪之期限年月，當不起莊生的一聲狂笑。於是儒與道在中國思想史上成了兩大勢力，代表道學派與幽默派。

後來因為儒家有「尊王」之說，為帝王所利用，或者儒者與君主互相利用，壓迫思想，而造成一統局面，天下腐儒遂出。然而幽默到底是一種人生觀，一種對人生的批評；不能因君主道統之壓迫，遂歸消滅。而且道家思想之泉源浩大，老莊文章之氣魄，足使其效力歷世不能磨滅，所以中古以後的思想，表面上似是獨尊儒家道統，實際上是儒道分治的。

中國人得勢時都信儒教，不遇時都信道教，各自優遊林下，寄託山水，怡養性情去了。中國文學，除了御用的廊廟文學，都是得力於幽默派的道家思想。

廊廟文學，都是假文學，都是經世之學，狹義言之，也算不得文學。所以，真有性靈的文學，入人最深之吟詠詩文，都是歸返自然，屬於幽默派、超脫派、道家派的。

中國若沒有道家文學，中國若只有不幽默的儒家道統，中國之詩文，不知要枯燥到如何；中國人之心靈，不知要苦悶到如何。

老子、莊生，固然超脫，若莊生觀魚之樂、蝴蝶之夢、說劍之喻、蛙鱉之語，也就夠幽默了。

老子教訓孔子的一頓話：「子所言者，其人與骨者皆已朽矣，獨其言在耳，吾聞之。良賈深藏若虛，君子盛德，容貌若愚。夫子之驕氣與多欲，態色與淫志，若是而已。」無論是否戰國時人所偽托司馬遷所誤傳，其一股酸溜溜氣味令人難受。我們讀老莊之文，想見其為人，總感其酸辣有餘，溫潤不足。論其遠大遙深，睥睨一世，確乎是真正「喜劇精神」的表現。然而老子多苦笑，莊生多狂笑，老子的笑聲是尖銳的，莊生的笑聲是豪放的。

大概超脫派容易流於憤世嫉俗的厭世主義，到了憤與嫉，就失了幽默溫厚之旨。屈原、賈誼很少幽默，就是此理。因謂幽默是溫厚的，超脫而同時加入悲天憫人之念，就是西洋之所謂「幽默」；而犀利之諷刺，西文則謂之「郁剔」（wit）（即中文之「機智」之意）。

孔子個人溫而厲、恭而安、無適、無必、無可、無不可，近於真正幽默態度。孔子之幽默及儒者之不幽默，乃一最明顯的事實。

我所取於孔子，倒不是他的踧踖如也，而是他燕居時之恂恂如也。腐儒所取的是他的踧踖如也，而不是他的恂恂如也。我所愛的是失敗時幽默的孔子，而不願做匏瓜繫而不食的孔子，不是成功時年少氣盛、殺少正卯的孔子。腐儒所愛的是殺少正卯之孔子，而不是我所謂幽默自適之孔子。

孔子既歿，孟子猶能詼諧百出，逾東家牆而摟其女子，是今時士大夫所不屑出於口的。齊人一妻一妾之喻，亦大有諷刺氣味，然孟子亦近於「郁剔」，不近於幽默。理智多而情感少故也。其後儒者日趨酸腐，不足談了。

韓非子以命世之才，作《說難》之篇，亦只是大學教授之幽默，不甚輕快自然，而幽默非輕快自然不可。

東方朔、枚皋之流，是中國式之滑稽始祖，又非幽默本色。正始之後，王何之學起，道家勢力復興，加以竹林七賢繼出倡導，遂滌盡腐儒氣味，而開了「清談」

之風。

在這種空氣之中，道家思想深入人的性靈；周秦思想之緊張怒放，一變而為恬淡自適，如草木由盛夏之煊赫繁榮而入於初秋之豪邁深遠了。其結果，乃養成晉末成熟之大詩人——陶潛。

陶潛的責子，是純熟的幽默。陶潛的淡然自適，不同於莊生之狂放，也沒有屈原的悲憤了。他的《歸去來辭》與屈原之《卜居》、《漁夫》相比，同是孤芳自賞，但沒有激越哀憤之音了。他與莊子，同是主張歸返自然，但對於針砭世俗，沒有莊子之尖利。

陶潛不肯為五斗米折腰，只見世人為五斗米折腰者之愚魯可憐。莊生卻罵干祿之人為豢養之牛、待宰之彘。所以莊生的憤怒狂笑，到了陶潛，只成溫和的微笑。我所以言此，非所以抑莊而揚陶，只見出幽默有各種不同。議論縱橫之幽默，以莊為最；詩化自適之幽默，以陶為始。大概莊子是陽性的幽默，陶潛是陰性的幽默，此發源於氣質之不同。不過中國人未明幽默之義，認為幽默必是諷刺，故特標明閒適的幽默，以示其範圍而已。

莊子以後，議論縱橫之幽默，是不會繼續發現的。有骨氣、有高放的思想，一直為帝王及道統之團結勢力所壓迫。

兩千年間，人人議論合於聖道；執筆之士，只在孔廟中翻筋斗，理學場中撿牛毛；所謂放逸，不過如此；所謂高超，亦不過如此。稍有新穎議論、超凡見解，即誣為悖經叛道、辯言詭說，為朝士大夫所不齒；甚至以亡國責任，加於其上。范寧以王弼、何宴之罪，浮於桀紂，認為仁義沉淪、儒雅蒙塵、禮壞樂崩、中原傾覆，都應嫁罪於二子。王樂清談，論者指為亡晉之兆。清談尚不可，誰敢復說絕聖棄智的話？兩千年間之朝士大夫，皆負經世大才；欲以佐王者，命諸候，治萬乘，聚稅斂，即做文章抒悲憤，尚且不敢，何暇言諷刺？更何暇言幽默？朝士大夫，開口仁義，閉口忠孝；自欺欺人，相率為偽，不許人揭穿。

直至今日之武人通電、政客宣言，猶是一般道學面孔。禍國軍閥，誤國大夫，讀其宣言，幾乎人人要駕湯武而嬡堯舜。暴斂官僚，販毒武夫，聞其演講，亦幾乎欲愧周孔而羞荀孟。至於妻妾泣中庭，施施從外來，孟子所譏何人，鈹且不識，又何暇學孟子之幽默？

然幽默究竟為人生之一部分。人之哭笑，每不知其所以，非能因朝士大夫之排斥，而遂歸滅亡。議論縱橫之幽默，既不可見，而閒適怡情之幽默，卻不絕的見於詩文。

至於文人偶爾戲做的滑稽文章，如韓愈之〈送窮文〉、李漁之〈逐貓文〉，都不過遊戲文字而已。真正的幽默，學士大夫，已經是寫不來了。只有在性靈派文人的著作中，不時可發現很幽默的議論文，如定盦之〈論私〉，中郎之〈論痴〉，子才之〈論色〉等。

但是正統文學之外，學士大夫所目為齊東野語、稗官小說的文學，卻無時無刻不有幽默之成分，宋之平話、元之戲曲、明之傳奇、清之小說，何處沒有幽默？若《水滸》之李逵、魯智深，寫得使你時而或哭或笑，亦哭亦笑；時而哭不得笑不得，遠超乎諷諫褒貶之外，而達乎幽默同情境地。《西遊記》之孫行者、豬八戒，確乎使我們喜笑之外，感覺一種熱烈之同情，亦是幽默本色。《儒林外史》幾乎篇篇是摹繪世故人情，幽默之外，雜以諷刺。《鏡花緣》之寫女子，寫君子國。《老殘遊記》之寫璵姑，也有不少啟人智慧的議論文章，為王統文學中不易得的。

中國真正的幽默文學，應當由戲曲、傳奇、小說、小調中去找；猶如中國最好的詩文，亦當由戲曲、傳奇、小說、小調中去找是一樣的道理。

因為正統文學不容幽默，所以中國人對於幽默之本質及其作用沒有了解。常人對於幽默滑稽，總是取鄙夷態度，道學先生甚至取嫉忌或恐懼態度，以為幽默之風一起，生活必失其嚴肅而道統必為詭辯所傾覆了。這正如道學先生視女子為危險品，而對於性在人之用處沒有了解，或是如彼輩視小說為稗官小說，而對於想像文學也沒有了解。

其實幽默為人生之一部分，我已屢言之，道學家能將幽默摒棄於他們的碑銘、墓志、奏表之外，卻不能將幽默摒棄於人生之外。人生是永遠充滿幽默的，猶如人生是永遠充滿悲慘、性慾與想像的。

即使是在儒者之生活中，做出文章儘管道學，與熟友閒談時，何嘗不是常有俳諧言笑？所差的，不過在文章上，少了幽默之滋潤而已。試將朱熹所著《名臣言行錄》一翻，便可見文人所不敢筆之於書，卻時時出之於口而極富幽默味道。試舉一、二事為例：

（趙普條）太祖欲使符彥卿典兵，韓王屢諫，以為彥卿名位已盛，不可復委以兵柄。上不聽，宣已出。韓王復懷之請見。上曰：「卿苦疑彥卿何也？朕待彥卿至厚，彥卿能負朕耶？」韓王曰：「陛下何以能負周世宗？」上默然，遂中止。

此是洞達人情之上乘幽默。

昭憲太后聰明有智度，嘗與太祖參決大政。及疾篤，太祖符藥餌，不離左右。太后曰：「汝知所以得天下乎？」上曰：「此皆祖考與太后之餘慶也。」太后笑曰：「不然，正繇柴氏使幼兒主天下耳。」

太祖所計，全是道學話、粉飾話。太后卻能將太祖建朝之功抹殺，而謂是柴氏主幼不幸所造成。這話及這種見解，正像蕭伯納令拿破崙自述某役之大捷，全是其焉偶然尋到擺渡之功，豈非揭穿真相之上乘幽默。

關於幽默之解釋，有哲學家亞里斯多德、柏拉圖、康德、哈勃斯、伯克森、弗勞特等人之分析。柏克森所論，不得要領，弗勞特太專門。我所最喜愛的，還是英國小說家梅瑞狄斯在劇論中的一篇討論。他描寫俳諧之神一段，極難翻譯，茲勉強粗略譯出如下：

假使你相信文化是基於明理，你就在靜觀人類之時，窺見在上有一種神靈，耿耿的監察一切……他有聖賢的頭額，嘴唇從容，不緊不鬆的半閉半開著，兩個唇邊，藏著林神的諧謔。那像弓形的稱心享樂的微笑，在古時是林神響亮的微笑，撲地叫眉毛倒豎起來。

那個笑聲會再來的，但是這回已屬於莞爾微笑一類的，是和緩恰當的，所表示的是心靈的光輝與智慧的豐富，而不是胡言笑鬧。當時的態度，是一種閒逸的觀察，好像飽觀一場，等著擇肥而噬，而心裏卻不著急。

人類之將來，不是他所注意的；他所注意的是人類目前之老實與形樣對整齊。無論何時人類失了體態，誇張、矯揉、自大、放誕、虛偽、炫飾，纖弱過甚；無論何時何地他看人類懵懂自欺、滔侈奢欲、崇拜偶像，做出荒謬事情，眼光如豆的經營，如痴如狂的計較。

無論何時人行言行不符，或倨傲不遜，屈人揚己；或執迷不悟，強詞奪理；或夜郎自大，猩猩作態，無論是個人或是團體；這在上之神就出溫柔的譃意，斜覷他們，跟著是一陣如明珠落玉盤的笑聲。這就是俳諧之神（The comic spirit）。

這種笑聲是和緩溫柔的，是出於心靈的妙語。訕笑嘲謔，是自私，而幽默卻是同情的，所以幽默與謾罵不同。因為謾罵自身就是欠缺理智的妙語，對自身就是因為沒有反省的能力之故。

幽默的情境是深遠超脫，所以不會怒、不會笑。而且幽默是基於明理，基於道理之參透。梅瑞狄斯說得好，能見到這「俳諧之神」，使人有同情共感之樂。謾罵者，其情急，其辭烈，惟恐旁觀者之不與同情。

幽默家知道世上明理的人自然會與之同感，所以用不著熱烈的謾罵諷刺，多傷氣力，所以也不急著打倒對方。因為你所笑的是對方的愚魯，只消指出其愚魯便罷。明理的人，總會站在你這一面。所以只有不知幽默的人，才需要謾罵。

梅瑞狄斯還有很好的——關於幽默嘲諷的分辨：

假使你能夠在你所愛的人身上見出荒唐可笑的地方，而不因此減少你對他們的愛，就算是有俳諧的監察力；假使你能夠想像愛你的人也看出你可笑的地方，而承受這項的矯正，這更顯明你有這種監察力。

假使你看到這種可笑而覺得有點冷酷，有點傷忠厚，你便是落了「嘲諷」的圈套中。

但是設使你不拿起嘲諷的棍子，打得他翻滾叫喊出來；卻只是話中帶刺的一半褒揚他，使他自己苦得不知人家是否在傷毀他，你便是用「揶揄」的方法。

假使你只向他四方八面的奚落，把他推在地上翻滾，敲他一下，淌一點眼淚於他身上；而承認你就是同他一樣，也就是同旁人一樣，對他毫不客氣的攻擊，而於暴露之中，含有憐惜之意，你便是得了「幽默」之精神。

梅瑞狄斯所論幽默之本質已經很透徹了。我尚補充幾句，就是關於中國人對於幽默的誤會。

中國道統真大，使一般人認為幽默是俏皮諷刺，因為即使說笑話之時；亦必關心世道，諷刺時事，然後可為文章。其實幽默與諷刺極近，卻不定以諷刺為目的。諷刺多趨於酸腐，去其酸辣，而達到沖淡心境，便成「幽默」。

欲求幽默，必先有深遠之心境，而帶一點我佛慈悲之念頭，然後文章火氣不太盛，讀者得淡然之味。幽默只是一位冷靜超遠的旁觀者，常於笑中帶淚，淨中帶笑。其文清淡自然，不似滑稽之炫奇斗勝，亦不似郁剔之出於機警巧辯。

幽默的文章在婉約、豪放之間得其自然，不加矯飾；使你於一段之中，指不出哪一句使你發笑，只是讀下去心靈啟悟，胸懷舒適而已。其緣由乃因幽默是出於自然，機警是出於人工；幽默是客觀的，機警是主觀的。

幽默是沖淡的，郁剔諷刺是尖利的。世事看穿，心有所喜悅；用輕快筆調寫出，無所罣礙；不做爛調，不忸怩做道學醜態；不求士大夫之喜譽，不博庸人之歡心，自然幽默。

## 下篇

幽默有廣義與狹義之分，在西文用法，常包括一切使人發笑的文字，連鄙俗的笑話在內。（西文所謂幽默刊物，大都是偏於粗鄙笑話的，若笨拙、生活、格調並不怎麼高。若法文Sourire、英文Ballyhoo之類，簡直有許多「不堪入目」的文字。）

在狹義上，幽默是與郁剔、譏諷、揶揄區別的。這四種風格，都含有笑的成分。不過笑本有苦笑、狂笑、淡笑、傻笑各種的不同；又笑之立意態度，也各有不同，有的是酸辣、有的是和緩、有的是鄙薄、有的是同情、有的是片語解頤；有的則是基於整個人生觀，有思想寄託的。

最上乘的幽默，自然是表示「心靈的光輝與智慧的豐富」，如梅瑞狄斯所說，是屬於「會心的微笑」一類的。各種風格中，幽默最富於情感，但是幽默與其他風格同使人一笑，這笑的性質及幽默之技術是值得討論的。

說幽默者每追源於亞里斯多德。以後柏拉圖、康德之說皆與亞理斯多德大體相符。這種說法，就是周谷城先生（《論語》廿五期〈論幽默〉）所謂的「預期的逆應」，就是在心情緊張之際，來一個出人意外的下文，轉緊張為和緩，於是腦適得一快感，而發為笑，即康德所謂：「笑是緊張的預期——忽化歸無有時之情感。」無論郁剔及狹義的幽默，都是這樣的。佛勞德在《郁剔與潛意識之關係》一書引一例甚好：

某窮人向其富友借二十五元。同日這位朋友遇見窮人在飯店吃一盤很貴的奶漿沙羅門魚。朋友就上前責備他說：「你剛跟我借錢，就跑來吃奶漿沙羅門魚。這是你借錢的目的嗎？」窮人回答說：「我不明白你的話。我沒錢時不能吃奶漿沙羅門魚，有錢時又不許吃奶漿沙羅門魚。請問你，我何時才可以吃奶漿沙羅門魚？」

那富人的發問是緊張之際，使我們不禁有些同情那窮人，以為他必受窘了；結果聽了窮人的答語後，這緊張的局面遂變為輕鬆了。這是笑在神經作用上之解說。

同時另有一說，也是與此說相符的。就是說我們發笑時，總是看見旁人受窘或遇見不幸，或做出粗笨的事來，使我們覺得高他一等，所以笑。看人跌倒，自己卻立穩，於是笑了；看人汲汲於名利，而自己欲清閒超逸，於是也笑了。

但是假如同做京官而看同級的人擢升高位，便只有眼紅，而不會發笑；或者看他人被屋壓倒而禍將及身，也只有驚慌，不會發笑。所以笑之發源，是看見生活上之某種失態而於己身無損，神經上得一種快感。

常人每好讀罵人的文章，就是這樣的道理。或是自述過去受窘的經過，旁人未有不發笑。然在被笑者，常是不快的，所以有所謂老羞成怒之態。

幽默愈泛指世人的，愈得各方之同情，因為在聽者以為未必是指他個人；即使指他一階級，他也未必就是這階級中應被指摘之分子。例如：《論語》罵京官，京官讀了仍舊可以發笑；或者罵大學教授，「溫故」講義而四處「支薪」，大學教授也可以受之無愧，因不十分迫近本身也。

所以兩方爭辯，愈涉及個人，如汪精衛與吳稚暉之對罵，愈不幽默，而易滲入酸辣成分；反之，愈是空泛、籠統的社會諷刺及人生諷刺，其情調自然愈深遠，而愈近於幽默本色。

在這由緊張達到和緩的轉變，其中每有出人意外（即逆應）的成分。其陡轉的工夫，或由於字義之雙關（此為最皮毛之幽默，但也有雙關得機警自然，實在佳妙的），有的是出於無賴態度（如上舉窮人一例），有的是由於笑話中人的冥頑，有的是由於參透道理、看穿人情。

大概此種徒轉，出於慧心，如公孫大娘舞劍、如天外飛來峰，沒有一定的套版。善詼諧者，自出機智。如勞合•喬治一次在演講，有女權運動家起立說，「你若是我丈夫，我必定給你服毒。」而勞合•喬治對口應曰：「我若是妳丈夫，我定把毒吃下。」這種地方，只在人隨機應變。無鹽見齊宣王願備後宮，實在有點無賴，也是一種幽默。然無賴，或胡鬧，易討人厭。

好的幽默，都是屬於合情合理；其出人意外，在於言人所不敢言。世人好說合禮假話，因循不以為怪，至一人闡發真理，將老實話說出，遂使全堂嘩笑。這在佛勞德解釋起來，是由於人類神經每受壓迫抑制（inhibition），一旦將此壓迫取消，如馬脫羈，自然心靈輕鬆美快，而發為笑聲。

因此幽默每易涉及猥褻，就是因為猥褻之談有此放鬆抑制之作用。在相當環境，此種猥褻之談是好的，是宜於精神健康。

據我經驗，大學教授、老成學者聚首談心，未有不談及性的經驗。所謂猥褻非禮，純是社會上之風俗問題，在某處可談，在某處不可談。英國中等階級社交上言辭之束縛，每比貴族階級更甚。大概上等社會及下等社會都很自由的，只有屬於讀書的中等階級最受限制。

又法國所許的，在英國或者不許；英國所許的，中國人或者不許。時代也是一樣，如英國十七世紀就有許多字面令人所不敢用的，莎士比亞時代也是如此，但現代人之心靈不定比莎士比亞時人清潔，性之運用反益加微妙了。

在中國，如淳于髡答齊威王謂臣飲一斗亦醉，一石亦醉。威王問：「既然一斗而醉，何以能飲一石？」淳于髡謂：「在皇上侍側一、二斗便醉；若有男女雜坐，握手無罪，目眙不禁，前有墮珥，後有遺簪，可八斗而醉；及日暮酒闌，合尊促坐，男女同席，履舄交錯，杯盤狼藉，堂上燭滅，主人留髡而送客，羅襦襟解，微聞薌澤，當此之時，髡樂甚，可飲一石。」

這段雖然不能算猥褻，但可表示所謂取消神經抑制，及幽默滑稽每易流於猥褻之理。

張敞為妻畫眉，上詰之，答曰：「夫婦之間，豈但畫眉而已，亦可表示幽默。使人發笑，常在撇開禁忌，說兩句合情合理之話而已。」

這種近於情話的滑稽，有數例為證。德國名人凱澤林（Keyserling）編著《婚姻書》邀請各國名家撰論，並請蕭伯納做一篇關於婚姻意見的文章。蕭伯納回信說：「凡人在其太太未死時，無能老實說他關於婚姻的意見。」一語破的。比書中長篇大論精采深長，凱澤林即將該句列入序文中。相傳有人問道家「長生之術」，道士謂節欲無為、餐風宿露、戒絕珍饈、不近女人，可享千壽。其人曰，如此則千壽復有何益，不如夭折。亦是一句近情的話。

西洋有一類似故事，謂某塾師好飲，飲必醉，因此沒有生徒，潦倒困頓。有人好意規勸說：「你的學問很好，只要你肯戒飲，一定可以收到許多生徒。你想對不對？」那塾師回答道：「我所以收生徒教書者，就是為要飲酒。不飲酒，我又何必收生徒呢？」

以上所舉的例，可以闡明發笑之性質與來源，但是都屬於機智的答辯，是歸於郁剔滑稽一門的。在成編的幽默文字，又不同了，雖然他使人發笑的原理相同。幽默小品，並非此種警句所合成的，不可強做，亦非能強做得來。

現代西洋幽默小品極多，幾乎每種普通雜誌，要登一、兩篇幽默小品文。這種小品文，文字極清淡的，正如閒談一樣；有的專用土白俚語做評，求其淡入人心，如威爾・羅傑斯（Will Rogers）一派；有的與普通論文無別，或者專素描，如李科克（Stephen Leacock）；或者是長議論、談生人，如切斯特頓（G.K.Chesterton），或者是專宣傳主義如蕭伯納。

大半筆調極輕快，以清新自然為主。其所以別於中國之遊戲文字，就是幽默並非一味荒唐，既沒有道學氣味，也沒有小丑氣味；是莊諧並出，自自然然暢談社會與人生；讀之不覺其矯揉造作，故亦不厭。或者在正經處，比通常論文更正經，因其較少束縛，喜怒哀樂皆出之真情。

總之西洋幽默文，大體上就是小品文別出的一格。凡寫此種幽默小品的人，於清淡之筆調之外，必先有獨特之見解及人生之觀察。因為幽默只是一種態度、一種人生觀，在寫慣幽默文的人，成了一種格調；無論何種題目，有相當的心境，都可以落筆成趣了。

這也是一句極平常的話，猶如說學詩，最重要的是登臨山水、體會人情、培養性靈；而不是僅學押平仄，講蜂腰、鶴膝等末技的問題。

因此我們知道，須有相當的人生觀、參透道理、說話近情的人，才會寫出幽默作品。無論哪一國的文化、生活、文學、思想，皆用得著近情的幽默滋潤的。

沒有幽默來滋潤的國民，其文化必日趨虛偽、生活必日趨欺詐、思想必日趨迂腐、文學必日趨乾枯，而人的心靈必日趨頑固。其結果必有天下相率而為偽的生活與文章，也必多表面上激昂慷慨，內心上老朽霉腐、五分熱誠、半世麻木、喜怒無常、多愁善病、神經過敏、歇斯底里、誇大狂、憂鬱狂等心理變態。《論語》若能叫武人、政客少打欺偽的通電宣言，為功就不小了。

# 合於人情的思想之必要

「思想」是一種藝術，而不是一種科學。中國和西方的學問之間，最大的對比就是，西方太多專門知識，而太少近於人情知識；至於中國則富於對生活問題的關切，而歉於專門的科學。我們眼見在西方科學思想侵入了近於人情的知識的區域，其中的特點就是，十分專門化。和無處不引用科學的與半科學的名詞。

這裏，我所謂「科學」的思想，是指它在一般的意義上而言，而尚不是真正的科學思想，因為真正的科學思想是不能從常識的幻想分析而來的。

在一般的意義上，這種科舉思想是嚴格的、合於邏輯的、十分專門化的，並在方式和幻想的景物中是「原子式」的。這東西兩種型式的學問，其對比終究還是歸結於邏輯和常識的衝突。邏輯如若剝去了常識，它便成為不近人情；而常識如若剝去了邏輯，它便不能夠深入大自然的神祕境界。

當一個人檢視中國的文學和哲學界時，他將得到一些什麼東西呢？他將會察覺到那裏邊沒有科學、沒有極端的理論、沒有假說，而且並沒有所謂的性質不十分相同的哲學。例如：中國詩人白居易，他不過藉儒道以正行為、藉佛教以淨心胸，並藉歷史、畫、山、河、酒、音樂和歌曲以慰精神罷了。他生活在世界中，但也是出世的。

所以，中國即成為一個人人不很致力於思想。而人人只知道盡力去生活的區域。在這裏，哲學本身不過是一件很簡單而且屬於常識的事情，可以很容易地用一、兩句詩詞包括一切。這區域裏面沒有什麼哲學系；廣泛的說起來，沒有邏輯、沒有形而上學、沒有學院式的胡說、沒有學院式的專重假定主義、較少智力的和實際的瘋狂主義、較少抽象的和冗長的字句。

機械式的唯理主義在這裏是永遠不可能的，而且對於邏輯的必須概念都抱著一種憎惡的態度。這裏的事業生活中沒有律師，而哲學生活中也沒有邏輯家；這裏只有著一種對生活的親切感覺，而沒有什麼設計精密的哲學系；這裏沒有一個康德或一個黑格爾，而只有文章家、警語作家、佛家禪語和道家譬喻的擬議者。

中國的文學，以其全面而言，我們粗看似乎只見大量的短詩和短文，在不愛好的人們看起來。似乎是多得可厭，但其中實有種種的類別，和種種的優點，正如一幅野外景色一般。這裏面有文章家和尺牘家，他們只須用五、六百個字，便能將生活的感覺表現於一篇短文或短札中，其篇幅比美國低級學校兒童所做的論說更短。

在這種隨手寫作的書札、日記、筆記和文章中，我們所看到的大概是對一次人生遭遇的評論、對鄰村中一個女子自盡的記載，或對一次春遊、一次雪宴、一次月夜盪槳、一次晚間在寺院裏躲雨的記載，再加上一些這個時節各人談話的紀錄。這裏有許多散文家同時即是詩人，有許多詩人同時即是散文家，所有的著作每篇至多不過五、七百字，有時單用一句詩文即能表達出整個的生活哲學。這裏有許多譬喻、警語和家信的作家，他們寫信都是乘興之所至，隨手寫去，並不講究什麼嚴格的系統，這使系派難於產生。理智階級常被合於情的精神所壓伏，尤其是被作家的藝術的感覺性所壓伏，而無從活動。事實上，理智階級在這裏是最為人所不信任的。

我無須指出邏輯本能乃是人類心靈的一種最有力的利器，因而科學的成就成為可能。我也知道西方的人類進步，至今還是在根本上由常識和批判精神所統制著，這常識和批判精神是比邏輯精神更為偉大的東西，我以為實在是代表著西方思想的最高形式，我也無須說明西方的批判精神比在中國更為發展。

在指出邏輯的思想的弱點中，我不過是指著某一種特別的缺點而說的，即如他們的政治中也有著這一種的弱點，如：德國人和日本人的機械式政治，即屬於此類。邏輯自有它的動人之處，我認為偵探小說的發展。就是邏輯心靈的一種最令人感興趣的產品，這種文字在中國完全沒有發展過，但是過度沈於邏輯思想也自有其不利之處。

西方學問傑出的特質就是專門化和分割知識，將它們歸入各式各樣的門類。邏輯思想和專門化的過於發展，再加上好用專門的名詞，造成了現代文明的一個奇特事實，即哲學已和它的背景分隔得如此的遙遠。已遠落在政治學和經濟學的後面，以致一般的人們都會走過它的旁邊，而竟覺著好似沒有這樣一件東西。在一個平常人的心目中，甚至在某些有教養的人的心目中，都覺得哲學實在是一種最好不必加以過問的學科。這顯然是現代文化中的一種奇特的反常現象，因為哲學本應是最貼近人們的胸懷和事業的，但現在倒反而遠在千里外了。

希臘和羅馬的舊有文化便不是如此，中國的文化也不是如此的。也許是現代人對於生活問題——其實是哲學中的正當題旨——不感興趣，或者是我們已經走離哲學的原始概念太遙遠了。我們的知識範圍已經推廣到如此的廣大，由各類專家所熱心地守衛的知識門類已經如此的眾多，以致哲學這一門，其實雖應是人們所宜最先研究的學問，倒反而被打入沒有人願意做專門研究的場地裏邊去了。

美國某大學的布告可以作為現代教育狀況的一個典型，這布告說：「心理學科現在已經開放，凡是經濟學科的學生，願意者都可以加入。」

所以經濟學的教授已將自己一科裏學生的友愛和幸福托付給心理學科的教授，同時為了答謝好意起見，他又容許心理學科的學生踏進經濟學科的圍場，以表示友誼。同時，知識之王的哲學則如戰國時的君王一般，不但已不能從他的學科附庸各國的貢禮，而且覺得他的權力和國土日漸減縮，只剩較少的食糧，及不足的人民效忠於他了。

因為現在我們已達到一個只有知識門類，而並沒有著知識本身的人類文化梯階；只是專門化，但沒有完成其整體；只有專家，而沒有人類知識的哲學家。這種知識的過分專門化，實和中國皇宮中尚膳房的過分專門化並沒有什麼分別。

當某一個朝代傾覆的時節，有一位貴官居然得到了一個從尚膳房裏逃走出來的宮女。他得意極了，特地在某天，邀請了許多朋友來嘗嘗這位御廚高手所做的菜餚。當設讌的日期快到時，他即吩咐這宮女去預備一桌最豐盛的御用式酒席。這宮女回說，她不曾做這樣的一席菜。

「那麼，妳在宮中時。做些什麼呢？」主人問。

「噢！我是專做席面上所用的糕餅的。」她回答。

「很好，那麼妳就替我做些上好的糕餅吧！」

宮女的答語使他幾乎跳起來，因為她回說：「不，我不會做糕餅，我是專切糕餅餡子裏邊所用的蔥的。」

現在人類的知識和學院式學問的場地裏邊，情形就和這個相彷彿。我們有著一位略曉得一些生命和人類性質的生物學家，有著一位略曉得一些同一題目的另一部分的精神病學家，有著一位通曉人類早年歷史的地質學家，有著一位知悉野蠻人種的心性的人類學家。

有著一位如果偶然是個心胸開通者的話，可以教給我們一些人類過去歷史所反映出來的人類如識，和人類愚行的歷史學家，有著一個有時也能幫助我們認識我們的行為，但仍是偏於多告訴我們一種學院式的呆話，如：路易斯．卡羅爾乃是一個憂鬱主義者，或從他以雞做試驗的實驗室裏走出來，而宣布說，巨響對於一隻雞的影響是使牠們的心臟急速跳動的心理學家。

有些以教授為業的心理學家，在我看來，當他們錯誤時，他們是使人昏迷的；而在不錯誤時，則更令人昏迷。但在專門化的程序中，同時並沒有應該並進的完成整個的切要程序，即將這類知識的多方面綜合成一個整體，以達到它們所擬達到的最高目的——生命知識——的程序。

現在我們或許已經做了將知識完成整個的預備，例如：耶魯大學中的人類關係學會，和哈佛大學立校三百年紀念會中的演講詞，都可以做這一點的證明。不過，除非西方的科學家能用一種較簡單、較不邏輯的思想方法去從事於這件工作，則完成整體這件事簡直沒有成功的日子。

人類的知識，不單只是將專門的知識一件件的加上去而成的，而且也不能單從統計式的平均數中去獲得它；只能藉著洞察而獲得成就，只能藉著更普遍的常識、更多的智能，和更清楚的但是更敏銳的直覺才能獲得成就。

邏輯的思想和合理的思想之間，或許可稱為學院式的思想和詩意的思想之間，有著一種很明顯的區別。學院式的思想，我們有的已很多了，但是詩意的思想則現代中尚還稀見。亞里斯多德和柏拉圖其實是很摩登的；他們所以如此，不但因為希臘人很近似現代人，而且因為他們實在是，嚴格的說法即現代思想的祖先。

亞里斯多德雖也有他的人性主義見解，和中庸之道的學說，但他確是現代教科書作家的祖師，他實在是首創將知識分割成許多門類者——從物理學和植物學直到倫理學和政治學。他顯然也就是首創為普通人所不能了解和不相干的學院式胡說者，而後來的現代美國社會學家和心理學家則更助桀為虐，又比他更為厲害。

柏拉圖雖有著真正的人類洞察力，但在某種意義上，他實在應負：如新柏拉圖主義學派所崇尚的——對於概念和抽象觀念崇拜的責任，這個傳統的思想不但沒有被加些更多的洞察力以為調和，反而被現代專講概念和主義的作者所熟悉，而將它視為好似實有一個獨立的存在性一般。

最近的現代化心理學，實是剝削了我們的「理智」、「意旨」和「情感」，並幫助殺害那個和中古時代的神學家在一起時，尚還是一個整體的「靈魂」。

我們已殺害了「靈魂」，而另造出許許多多社會的和政治的口號（「革命」、「反革命」、「布爾喬」、「帝國主義資本家」、「逃避主義」）以為替代，轉任它們來統治我們的思想；並又造出相類的物事，如：「階級」、「命運」和「國家」。很邏輯地聽任這個國家變成一個巨魔而吞吃了個人。

很明顯的，現在所需要的，似乎是一種須經過改造的思想方式、一種更為富有詩意的思想，方能更穩定地觀察生命，和觀察它的整體。正如已過世的吉姆斯，哈維．羅賓遜所警告我們的談話：「有些謹慎的觀察家很坦白地表示他們的真誠意見說，除非將思想提升到比目下更高的平面之上，文明必然將要受到某種大的阻礙。」羅賓遜教授很智慧地指出：「良心的驅使和洞察力似乎是在彼此猜忌，但其實它們很可以成為朋友的。」

現代的經濟學家和心理學家，似乎有著太多的良心驅使，而缺乏洞察力。對世事施用邏輯的危險這一點是不應該過分重視的。但因科學思想的力量和尊嚴在現代是如此的巨大，以致雖有人曾做種種的警告；然而這一類的學院式思想，依舊不斷的侵入哲學的區域，深信人類的心靈，可以如一組溝渠一般的加以研究，和人類的思想浪潮，可以如無線電浪一般加以測量的。它的後果是逐漸地在那裏擾亂我們的思想，同時於實用的政治學上有著極惡劣的影響。

# 理想中的女性

女人的深藏，在我對美的理想上、在典型女性的理想上、女人教育的理想上，以至戀愛求婚的形式上，都有一種確定不移的勢力。

對於女性，中國人與歐美人的概念彼此大異。雖雙方概念都以女性為包含有嬌媚神祕的意識，但其觀點在根本上是不同的，這在藝術園地上所表現者尤為明顯。西洋的藝術，把女性的肉體視作靈感的源泉，和純粹調和形象的至善至美。中國藝術則以為女性肉體之美，是模擬自然界的調和形象而來。

對於一個中國人，像紐約碼頭上所高聳著女性人像（自由女神像）那樣，使很多第一步踏進美國的客人，第一個觸進眼簾的，便是裸體女人，是否覺得駭人聽聞？女人家的肉體竟可以裸裎於大眾，實屬無禮之至。

倘使他得悉女人在那兒並不代表女性，而是代表「自由」的觀念，尤將使他震駭莫名。為什麼自由要用女人來代表？又為什麼「勝利」、「公正」、「和平」，也要用女人來代表？

這種希臘的理想對於他是新奇的。因為在西洋人的擬想中，把女人視為聖潔的象徵；奉以精神的微妙的品性，代表一切清淨、高貴、美麗和超凡的品質。

對於中國人，女人就是女人，她們是一群不知道怎樣享樂的人類。一個中國男孩子自幼就受父母的告誡，倘使他在掛著女人褲子襠下走過，便有不能長大的危險。是以崇拜女性有似尊重於寬座之上。和暴裸女人的肉體這種事實為根本上不可能的。由於女子深藏的觀念，女性肉體之暴露，在藝術上亦視為無禮之至。

因而德勒斯登陳列館（Dresden Gallery）的幾幅西洋畫傑作，勢將被視為猥褻作品。那些時髦的中國現代藝術家，他們受過西洋的洗禮，雖還不敢這樣說，但歐洲的藝術家卻坦白地承認一切藝術莫不根源於風流的敏感性。

其實中國人的性的欲望也是存在的，不過被掩蓋於另一表現方法之下而已。婦女服裝的意象，並非用以表人體之輪廓，即用以模擬自然界之律動。

一位西洋藝術家由於習慣了敏感的擬想，或許在升騰的海浪中可以看出女性的裸體像來；但中國藝術家卻在慈悲菩薩的披肩上看出海浪來。

一個女性體格的全部動律美，乃取決於垂柳的柔美的線條，好像她的低垂的雙肩。她的眸子比擬於杏實、眉毛比擬於新月、眼波比擬於秋水、皓齒比擬於石榴子、腰則比擬於細柳、指則於春筍，而她的纏了的小腳，又比之於弓彎。

這種詩的辭采在歐美未始沒有，不過中國藝術的全部精神；尤其是中國婦女裝飾的典範，卻鄭重其事的符合這類辭采的內容。因為女人肉體之原形，中國藝術家倒不感到多大興趣，我在藝術作品固可見之。

中國畫家在人體寫生的技巧上，可謂慘澹地失敗了。即使以仕女畫享盛名的仇十洲（明代），他所描繪的半身裸體仕女畫，有些很像一顆顆番薯，不諳西洋藝術的中國人，很少有能領會女人的頸項和背部的美的。

《雜事祕辛》一書，相傳為漢時作品，實出於明人手筆。描寫一種很準確而完全的女性人體美，歷歷如繪，表示其對人體美的真實愛好，但這差不多是惟一的例外。這樣的情形，不能不說是女性遮隱的結果。

在實際上，外表的變遷沒有多大關係。婦女的服裝可以變遷，其實只要穿在婦女身上；男人便會有美感而愛悅的可能。而女人呢？只要男人覺得這個式樣美，她便會穿著在身上。

從維多利亞時代鋼箍擴開之裙，變遷為二十世紀初期纖長的孩童樣的裝束。再變而至一九三五年的梅・惠絲（Mae West）摹仿熱，其間變化相差之程度，實遠較中西飾式之歧異尤為惹人注目。只消穿到女人身上，在男人的目光中，永遠是仙子般的錦繡。若有人辦一個婦女服飾的國際展覽會，應該把這一點弄得清清楚楚。不過二十年前，中國婦女滿街走著的都是短襖、長腳褲，現在則都穿了頎長的旗袍，而把腳踝骨都掩沒了；而歐美女子雖還穿著長裙，我想寬薄長腳褲隨時有流行的可能。這種種變遷的惟一的效果，不過使男子產生一顆滿足的心而已。

尤為重要者，為婦女遮隱與典型女性之理想的關係，這種理想便是「賢妻良母」。不過這一句成語在現代中國受盡了譏笑。尤其那些摩登女性，她們迫切的渴望平等、獨立、自由，她們把妻子和母性看做是男人的附庸，是以賢妻良母一語代表道地的混亂思想。

讓我們把兩性關係予以適宜之判斷。一個女人，當她做了母親，好像從未把自己的地位，看做視男人的好惡為轉移的依賴者。只有當她失去了母親的身分時，才覺得自己是十足的依賴人物。

即在西洋，也有一個時期母性和養育子女不為社會所輕視，亦不為女人們自己所輕視；一個母親好像很適配女人在家庭中的地位——那一個崇高而榮譽的地位。

生育小孩，鞠之、育之、訓之、誨之，以其自己的智慧誘導之以達成人，這種任務，在開明的社會裏，無論誰都決非為輕鬆的工作。為什麼她要被視為社會的經濟的依賴男人？這種意識真是難於揣測，因為她能夠擔負這一樁高貴的任務，而其成績又優於男子。

婦女中亦有才幹傑出、不讓鬚眉者。不過這樣的才幹婦女，其數量確乎是比較少。對於這些婦女，自我表現精神的重要，過於單單生育些孩子。至於尋常女人，其數無量，則寧願讓男人掙了麵包回來，養活一家人口，而讓自己專管生育孩子。若說自我表現精神，著者蓋嘗數見許多自私而卑劣的可憐蟲，卻能發揚轉化而為仁慈博愛；富於犧牲精神的母親，她們在兒女的目光中是德行完善的模範。著者又曾見過美麗的姑娘，她們並不結婚，而過了三十歲，額角上早早浮起了皺紋，她們永遠達不到女性美麗的第二階段。而所謂的第二階段，是指其姿容之容光煥發，有如盛秋森林，格外通達人情、格外成熟，復甚至格外輝煌燦爛，這種情況，在已嫁的幸福婦人懷孕三月之後，尤其是常見的。

女性的一切權利之中，最大的一項便是做母親。孔子稱述其理想的社會要沒有「曠男怨女」，這個理想在中國經由另一種羅曼史和婚姻的概念而達到了目的。

由中國人看來，西洋社會最大的罪惡，為充斥眾多之獨身女子。這些獨身女子，本身無過失可言，除非她們愚昧地真欲留駐嬌媚的青春；她們其實無法自我發抒其情愫耳。許多這一類的女子，倒是大人物，像女教育家、女優伶。但她們倘做了母親，她們的人格當更為偉大。

一個女子，倘若愛上了一個無價值的男子而跟他結了婚，那她或許會跌入造物的陷阱。造物的最大關心，固只要她維繫種族的傳延繁殖而已；可是婦女有時也可以受造物者的賞賜而獲得一捲髮、秀美的嬰孩。那時她的勝利、她的快樂，比之她寫了一部最偉大的著作尤為不可思議；她所蒙受的幸福，比之她在舞台上獲得隆盛的榮譽時尤為真實。

鄧肯女士（Isadora Duncan）忠實足以明認這一切。假使造物是殘酷的，那麼造物正是公平的。他所給予普通女人的，無異乎給予傑出的女人者一種安慰。因為享受做母親的愉快，是聰明才智女人和普通女人一樣的情緒。

造物者注定了這樣的命運，而讓男男女女這樣的過活下去。

# 摩登女子

向來中國女子應當代人受過，已成為古史史學家顛撲不破之至理名言。若西施亡吳、妲己亡商、褒姒亡周，及近代陳圓圓亡明，皆是其例。大概男子所治之國已亡，求一他方代為受過並不困難。

其言外之意便是說，商室並非亡於紂王之虐政、西周並非亡於幽王之淫昏，而明朝亦非亡於魏忠賢及其孝子順孫之擅權。

政論如此，道德更不必說。因為「淫」字向來是女子之專有品，裹足原以防範婦女之逾越。惟步步生蓮花，乃陳後主所以正心誠意之功課世。故今日凡談道德，亦必先想及摩登女子而糾正之、勖勵之、訓勉之、諷刺之，幾乎以為東三省之亡，由於人心不正；而人心不正，皆當由摩登女子尸位其咎也。

此說不絕，將來必有摩登女子亡國之論，而文武老爺皆可告無罪於天下矣。前年胡蝶在京受警告，便是此一類思想之表現，此地也無須一一細舉了。

我想世上思過的人總是少，推責的人總是多，不僅對道德一端如此而已，德國法西斯蒂懂得此種心理，故將國中一切經濟之窮苦、社會之積弊都推在猶太人民之身上。德人聞之自然心喜，而以逼迫猶太居民為興國第一要著，在此一點，希特勒真不愧稱為一霸主了。

中國在抗戰前國勢不振，也有種種說法，武人以為是學子不務正業、奢談救國所致；而學子以為皆帝國主義之壓迫，並非中國民族自己散漫腐敗之過。摩登女子所以成為眾矢之的，也正足以表示男子這種「推倒油瓶不扶」的態度罷了。

摩登女子之大罪有三：（一）淫蕩無恥。（二）打扮妖媚，（三）虛榮薄倖，此男子所常指出之弱點也，即以此為摩登女子之弱點，我想其罪也不大到怎樣。淫蕩無恥乃投男人之所好，而打扮妖媚，充其量也不過要討男子之喜歡而已。向來在男權社會、男子所喜歡，女子樣樣都須做到。

古代男人要女子貞靜幽嫻，女子便以貞靜幽嫻自勉。男人要寡婦守節，便也有許多節烈的寡婦。天下男人笑女子好茉莉花為近小人，然而老實說，假定男人盡以茉莉花為臭；則女子雖心好之，勢必不插，此可斷言也。

現在男子棄糟糠之妻，而追求燙髮，踩高跟之摩登女子，則女子燙髮、踩高跟又有何怪？山西婦女協會反對該地當局勒令妓女燙髮、踩高跟，而勸良家婦女勵行新生活之宣言說：「殊不知此風一長，妓女愈呈妖艷，男子愈是流連忘返。良家婦女，勵行新生活，摒絕艷裝、燙髮，將以何術馭夫？」語帶滑稽，而其中實有至情、至理在焉。

誰有夫而不想馭哉？若摩登男子不棄鄉下老婆，則摩登女子亦必甘於粗飲陋菜、荊釵布裙以偕老。荊釵布裙而不足以馭夫，而夫又不可不馭，則馭之之道，必在燙髮、踩高跟明矣。

男子見一燙髮姑娘而顛之倒之，愈浮華蕩檢、玉食錦衣者，愈為之神魂顛倒，而愈肯花錢。則為女子者，何樂而不玉食錦衣，使男子花錢又使自己受用乎哉！等到女子皆錦衣玉食、燙髮、踩高跟，相率成風，然後譏之曰：「摩登！」這就有點說不過去罷！

倘使女子不花錢打扮，男人便不歡迎她。女子一花錢打扮，男人便罵她浮華浪費，而男人自己卻也穿起西裝來。老實說一句罷，女子之燙髮、踩高跟，便是含著對男子最刻薄的批評，而這批評常常是對的。

別的不講，姑就最不道德的「虛榮薄倖」談一談。虛榮薄倖是男人所最憎惡的一點，摩登女子，有虛榮薄倖、水性楊花的，也不可舉一概百，但我頗想替薄倖小姐作一辯；甚至可以再退一步，替善敲竹槓的青樓妓女作一辯。倘是青樓女子敲竹槓沒有什麼大罪，則摩登女子更不必勞仁人君子之處處關情了。

女子善敲竹槓者，英文有一妙語叫做「淘金女郎」（Cold diggers）。我想「淘金女郎」是現代社會最常被誤解的一流人。有現今社會制度，必有淘金女郎。而在這樣社會，我想巾幗之有淘金女郎，也不過如鬚眉中間之有富賈豪商、錢莊店倌、銀行巨擘、實業大王等等。淘金女郎比她的姊妹頭腦清楚，猶如富賈豪商之比他人算盤打得實在罷了。

富賈與淘金女郎在世的目的相同處，皆是——為錢，他們的手段也相同，有奇貨都是得善價而沽諸，而又都不惜用最欺詐的手段以達其目標。不但此也，富賈與淘金女郎都有兩層道德標準，一是職業上的，一是私人上的，各不相關。

實業大王、銀行巨擘在家為慈父、在外為信友，但是在他商業競爭場上；若斤斤以打倒同仁、為不仁不義而不屑的行為，便不成其為實業大王了。能夠耍弄玄虛，人不知鬼不覺把某公司股票壟斷入手；或把某貨高抬，逼死多少寡婦孤兒而操奇計贏；勝人一著，人人且敬其手腕之靈敏、謀慮之老當，羨之慕之，稱他為模範大亨者。

淘金女郎在職業上，也許有一樣的硬狠心腸，但是我相信也許她在家事母至孝，待較不會打算盤的姊妹們，也許是一位疾病相扶、患難相助的親友。

要明白這一點道德，我們須先把淘金女郎的經濟地位看清楚。人家常以男盜女娼相提並論，我卻以為淘金女郎應與富賈豪商相對。盜者以無易有，淘金女郎並非偷人，只是賣色而已。

說到「賣色」一層，常人總有許多成見在胸，認為不道德。實則所謂娼妓賣色，語不殊當，謂「賣身」可耳。賣色卻又不同，而是更普遍的一回事了。西洋女子及長，初入交際場中，她的母親在舞會之前會為她搽脂搽粉，裝飾打扮，希望釣上一位百萬富翁的少爺或是英國貴族少年。是母親替女兒賣色之一種。百貨公司經理，辭退年老女店員；而代之以一年輕美貌女子招呼生意，為公司股東謀利，又是經理替女店員賣色之一種。年輕女店員之色貌，及她所必自備之脂粉，從此便成為公司之生利事業，可以發達公司的生意。

我們普通的倫理觀念是這樣的，女子在公司一天八小時站在高跟鞋上受罪以度其青春，專為公司老闆賣色於主顧之前，而謀股東之幸福，叫做「高尚的道德」，同時女子為己身的利益直接賣色，騙些大腹便便的富賈的錢，叫做「不道德」。

所謂「不道德」便是因其「可惡」，而所謂「可惡」，便是因為其叫男子吃虧。所以在我們現今社會，在男子的心理中，理想的女子是能使我們以最低的代價享到最大的艷福。所以女子不花錢、不妖艷，男人不要看她，女子一花錢而妖艷，又是「淘金女郎」。

在此矛盾情形之中，自然有頭腦清楚的女子，一旦聰明起來，拿定主張要徹底一點，同時要妖艷而花錢，不但要花自己的錢；而且要花男子的錢，不但要男子快樂，而且要男子出相當的代價。如此居奇，固然「可惡」，然最多也不過如商賈之居奇可惡罷了。

所以有人和著〈杜秋娘〉韻，說是：「勸姊莫惜紗羅衣，勸姊梳裝須入時，花開堪賣直須賣，莫待無花空賣枝。」

英國W.L. George曾著一部小說，名為《薔薇褥》（A Bed of Rose），其中女子維多利亞看到她自己身世，為茶店招待，終日奔走，以致腿上青筋腫起來，危及自己的青春體態，而不禁興了悲涼時，便是這一類的感慨。你能怪她一時聰明起來，想敲男子兩下竹槓嗎？

自然，淘金女郎不是理想的女子，不足為巾幗唱。男人最喜歡的是樂善好施而無求於人的女子，又要給你親密，又要替你省錢。而世上確有許多這樣女子，只要換得男子之一點真情，赴湯蹈火、粗衣陋食皆所不顧。世上也有許多安分守己的男子，按日上寫字間、按月領薪水，沒有什麼分外之想。

但是無論男女，兩性中總有一部分人深覺財利之重要，以謀財為他們終身的目的。其在男子，這些人便成為富賈豪商、錢莊店倌、實業大家、銀行巨擘等。其在女子，這一類人除了嫁一金龜婿以外，便非做淘金女郎不可了。嫁給金龜婿的女人，也許要看不起淘金女郎，我卻以為大可不必，淘金女郎有金龜婿可嫁，仍然是要嫁的。

富賈與淘金女郎同是這樣想著：「不治生產，其後必致累人，專務交遊，其後必致累己。」（張山來語）何況：「今之人未必肯受汝累，還是自家穩些的好。」（江含征語）淘金女郎所求者，與富賈一樣，也不過年老色衰，可以買一座山莊，以度殘年，而受累人罷了。

倘是我們體諒一班富賈財奴，對淘金女郎這一點願望也可不必深責了。況且富賈豪商，自己積了萬金之後，固然或能鍾愛一不治生產、能詩畫的美妾。而淘金女郎積了家私之後，也可以嫁給一位落魄詩人，倒貼而奉事之。

所以，我始終看不出富賈與淘金女郎有什麼高下之別，總而言之，兩位都是頭腦清楚而已，然則富賈遇了淘金女郎。在情理上還是應當引為知己、互相恭維一番才是。

世事是這樣離奇的，還是大家寬容些為是。誰能擔保淘金女郎年老色衰時，不會在她的「擇鄰山莊」施捨釋藥及印送佛經，如許多富賈財奴之所為呢？

# 論「性」的吸引力

女人的權利和社會特權雖然已經增加了，可是我始終認為甚至現代的美國，女人還沒有享受到公平的待遇。我希望我的印象是錯誤的。我希望在女人的權利增加了的時候，尊重閨秀之俠義並沒有減少。因為一方面有尊重閨秀之俠義，或對女人有真正的尊敬；另一方面任女人去用錢、隨意到什麼地方去、擔任行政的工作，並且享有選舉權——這兩樣東西不一定是相輔而行的。

據我（一個抱著舊世界的觀念的舊世界公民）看來，有些東西是重要的、有些東西是不重要的；美國女人在一切不重要的東西那方面，是比舊世界的女人更前進的；可是在一切重要的東西這方面，所佔的地位仍是差不多一樣的。

無論如何，我們看不見什麼現象，可以證明美國尊重閨秀之俠義比歐洲人更大。美國女人所擁有的真權力，還是在她的傳統的舊皇座——家庭的爐邊上產生出來的；她在這個皇座上是一位以服役為任務的快樂天使。

我曾經見過這種「天使」，可是只在私人家庭的神聖處所看見，在那裏；一個女人在廚房或客廳中走動著，成為一個奉獻於家庭之愛的家庭中的真主婦。不知怎樣，她是充滿著光輝的，這種光輝在辦公室裏是找不到的、是不相稱的。

這只是因為女人穿起薄紗的衣服，比穿起辦公外套嫵媚可愛嗎？抑只是我的幻想？女人在家如魚得水，問題的要點便在這個事實上。如果我們讓女人穿起辦公外套來，男人便會當她們是同事，有批評她們的權利。

可是如果我們讓她們在每天七小時的辦公時間中，有一小時可以穿起喬琪縐紗或薄紗的衣服，飄飄然走動著。那麼，男人一定曾打消和她們競爭的念頭，只坐在椅上目瞪口呆地看著她們。

女人做起刻板的公務時，很容易循規蹈矩的，是比男人更為優良的日常工作人員。可是一旦辦公室的空氣改變了，例如當辦公人員在婚禮的茶會席上見面時，你便會看見女人馬上獨立起來，她們或勸男同事或老闆去剪一次頭髮，或告訴他們到什麼地方去買一種去掉頭垢的最佳藥水。女人在辦公室裏說話很有禮貌，在辦公室外說話卻很有權威呢！

由男人的觀點上坦白地說，裝模作樣、用另一種態度說來是毫無用處的。我想在公眾場所中，女人出現是很能增加生活的吸引力和樂趣的，無論是辦公室裏或在街上，男人的生活是比較有生氣的；在辦公室裏，聲音是更柔和的、色澤是更華麗的、書台是更整潔的。同時我想天賦的兩性吸引力的欲望一點也不曾改變過。

而且在美國，男人是更幸福的，因為以注意性的誘惑一方面而言，美國女人是比（舉例來說）中國女人更努力於取悅男人的。我的結論是：西洋人太注意性的問題，而太不注意「女人」。

西洋女人在修頭髮上，所花的功夫和過去的中國女人差不多是一樣多的；她們對於打扮是比較公開的，是隨時隨地這樣做的。她們對於食物的規定、運動、按摩和讀廣告是比較用心的，因為她們要保持身體的輪廓。她們躺在床上做腿部的運動是比較虔誠的，因為她們要使腰部變細。她們到年紀很大的時候，還在打扮面孔、還在染髮，這在年紀同樣大的中國女人是不曾這樣做的。

她們用在洗滌藥水和香水上的金錢是越來越多的；美容的用品，日間用的美容霜，夜間用的美容霜、洗臉用的霜、塗粉前擦在皮膚上的霜、用在臉上的霜、用在手上的霜、用在皮膚毛孔的霜、檸檬霜、皮膚曬黑時所用的油、消除皺紋的油、魚類製成的油，及各式各樣的香油的生意，是越做越大的。

也許這也是因為美國女人的時間和金錢較多。也許她們穿起衣服來取悅男人，脫起衣服來取悅自己；或者脫起衣服來取悅男人、穿起衣服來取悅自己；或者同時在取悅男人和自己。也許其原因由於中國女人的現代美容用品較少，因為講到女人吸引男人的欲望時，我很不願意在各種族間加以區別。

中國女人在五十年前纏足以圖取悅男人，現在卻歡歡喜喜脫下「弓鞋」（編按：舊稱纏足女人所穿的鞋），穿起高跟鞋來。我平常不是先知者，可是我敢用先知般的堅信說：在不久的將來，中國女人每天早晨一定會花費十分鐘的工夫，將兩腿做一高一低的運動，以取悅她們的丈夫或她們自己。

然而有一個事實是很明顯的，美國女人現在似乎想在肉體的性誘惑，和服裝的性誘惑等方面多用點工夫，企圖用這方法更努力的去取悅男人。結果在公園裏或街上的女人，大抵都有更優美的體態和服裝，這應該歸功於女人天天保持身體輪廓的不斷努力——使男人大為快活。可是我想這一定很耗費她們的腦筋的。

當我講到性的誘惑時，我的意思是把它和母性的誘惑，或整個女人的誘惑做一個對比。我想這一方面的現代文明，已經在現代的戀愛的婚姻之間表現其特性了。

藝術使現代人有著性的意識，我是一點不懷疑的。（一）是藝術，（二）是商業對於女人身體的利用，由身體上的每一條曲線一直利用到肌肉的波動上去。（三）是塗腳趾指甲。我不曾看見過女人的身體的每一部分那麼完全受商業上的利用，我不太明白美國人對於利用她們的身體這件事情，為什麼服從得那麼溫順。在東方人看來，要把這種商業上利用女性身體的行為，和尊敬女人的觀念融合起來，是很困難的。

藝術家稱之為「美」，劇院觀眾稱之為「藝術」，只有劇本演出的監督和劇院經理老老實實稱之為「性的吸引力」，而一般男人是很快活的。

女人受商業上的利用而脫起衣服來，可是男人除了幾個賣藝者之外，是幾乎都不脫衣服的，這是一個男人所創造和男人所統治的社會的特點。在舞台上，我們看見女人差不多一絲不掛，而男人卻依舊穿著禮服、結黑領帶。反之，在一個女人所統治的社會裏，我們一定會看見男人半裸著，而女人卻穿著裙子。

藝術家把男女的身體構造做同等的研究，可是要把他們所研究的男人身體之美應用到商業上去，卻有點困難。劇院要一些人脫光衣服去嘲弄觀眾，可是普通總是要女人脫光衣服去嘲弄男人，而不要男人脫光衣服去嘲弄女人。

甚至比較上等的表演中，當人們要同時注重藝術和道德的時候，他們總是讓女人去注重藝術，男人去注重道德；而不曾要女人去注重道德，男人去注重藝術的。（在劇院表演中，男演員只表演一些滑稽的樣子，甚至在跳舞方面也是如此，這樣說便是「藝術化」的表演了。）

商業廣告採取這個主體，用無數不同的方法把它表現出來，因此今日的人要「藝術化」的時候，只須拿起一本雜誌，把廣告看一下。結果女人自己深深感覺到她們須實行藝術化的天職，於是不知不覺地接受了這種觀念，故意餓著肚子；或受著按摩及其他嚴格的鍛鍊，以期使這個世界更加美麗。

思想較不清楚的女人幾乎以為她們要得到男人、佔有男人，惟一的方法就是利用「性的吸引力」。

我覺得如此過分著重「性的吸引」的觀念之中，有著一種對於女人整個天性的不成熟和不適當的見解；結果影響到戀愛和婚姻的性質，弄得戀愛和婚姻的觀念也變成謬誤的，或不適當的觀念。這麼一來，人們比較會把女人視為配偶，而不大注意她們做主婦的地位。

女人是同時做妻子和母親的，可是以今日一般人對於性的注重的情形看來，配偶的觀點是取母親的觀念而代之了。我堅決的主張說，女人只有在做母親的時候，才達到她的最高的境地，如果一個妻子故意不立刻成為母親的話，她便失掉了她大部分的尊嚴和端莊，而有變成玩物的危險。

在我看來，一個沒有妻子的孩子就是「情婦」，而一個有孩子的情婦就是「妻子」，不管她們的法律地位如何。孩子把情婦的地位提高起來，使她變得神聖了，而沒有孩子卻是妻子的恥辱。許多現代女人不願生孩子，因為懷孕會破壞她們的體態，這是很明顯的事實。

好色的本能，對於豐富的生命確有相當的貢獻，可是這種本能也會因用得過度，而妨害到女人自己。

為保存性的吸引力起見，努力和奮發是需要的，這種努力和奮發當然只消耗了女人的精神，而不消耗男人的精神的。這也是不公平的，因為世人既然看重美麗和青春，那麼中年的女人只好跟白髮和年歲做絕望的鬥爭了。有一位中國青年詩人已經警告我們說，青春的泉源是一種愚弄人的東西，世間還沒有人能夠「以繩繫日」，使它停住不前。

這麼一來，中年的女人企圖保存性的吸引力，無異是和年歲做艱苦賽跑，這是十分無意義的事情。只有幽默感才能夠解決這個問題。如果和老年與白髮做絕對的鬥爭是徒然的事情，那麼，為什麼不說白髮是美麗的呢？

朱杜唱道：

白髮新添數百莖；
幾番拔盡白還生；
不如不拔由他白，
哪得工夫與白爭？

這一切情形是不自然、不公平的。這對母親和較老的女人是不公平的。因為正如一個超等體重的大拳王，必須在幾年內把他的名位讓給一位較年輕的挑戰者一樣；也正如一隻得錦標的老馬，必須在幾年內把榮譽讓給一隻較年輕的馬一樣。

年老的女人和年輕的女人鬥爭起來必定失敗，這是不要緊的，因為她們終究都是和同性的人鬥爭。中年的女人與年輕的女人在性的吸引力方面競爭，那是愚蠢的、危險的、絕望的一件事情。

由另一方面看起來，這也是可悲的，因為一個女人除了性之外還有別的東西，戀愛和求婚雖然在大體上須以肉體的吸引為基礎，可是較成熟的男人或女人應該已經度過這個時期了。

我們知道人類是動物中最好色的動物。然而，除了這個好色的本能之外，他也有一種同樣強烈的父母的本能，其結果便是人類家庭生活的實現。

我們和多數的動物一樣有好色和父性的本能，可是我們似乎是在長臂猿中，才初次發現人類家庭的雛形。然而，在一個過分熟悉的人類文化之中，在藝術、電影和戲劇中不斷的性慾刺激之下，好色的本能頗有征服家庭的本能的危險。在這麼一種文化，人們會輕易忘掉家族理想的需要，尤其是在個人主義的思潮同時也存在著的時候。

所以，在這麼一種社會中，我們有一種奇怪的婚姻見解，以為婚姻只是不斷的親吻，並以婚禮的鐘聲為結局。又有一種關於女人的奇怪見解，以為女人主要的任務是做男人的配隅，而不是做母親。

於是，理想的女人變成一個有完美的體態和肉體美的青年女人。然而在我的心目中，女人站在搖籃旁邊時，是最美麗不過的。當女人一手抱著嬰孩，一手拉著一個四、五歲的孩子時，是最端莊、最嚴肅不過的。女人躺在床上，頭靠著枕頭，和一個吃乳的嬰兒玩著時（像我在一幅西洋繪畫上所看見的那樣），是最幸福不過的。也許我有一種母性的情緒（motherhood complex），可是那沒有關係，因為心理上的情結對於中國人是無害的。

如果你說一個中國人有一種母與子的情結，或父與女的情結，這句話在我看來總覺得是可笑的、不可信的。我可以說，我關於女人的見解不是發源於一種母性的情結，而是由於中國家族理想的影響。

# 女論語

「女論語」無他，就是女人的理論與談話。古者婦言列為四德之一，其實「婦言」二字本來不通，因為並不是叫婦人說話，乃叫婦人不說話，是在提倡「沈默」為婦人之美德。這不知是誰發明的，大概他還不知道女人的脾氣吧？（班昭出賣女性，只能附會、不能發明。）

世界語言學大師耶斯佩森（Otto Jespersen）有言曰：「我們說話時就是在想，有些女人是要一面說話，才一面發覺她們在說些什麼！」（We think when we talk, and some ladies talk in order to find out what they think!）

此話果真，則禁止女人說話，猶如禁止女人運用思想。所以在男女平等之時，提倡婦人沈默，實屬反動。

我最喜歡同女人講話，她們真有意思，常使我想起拜倫的名句：「人是奇怪的東西，女人則是更奇怪的東西。」（What a strange thing is man! And what a stranger is woman!)（原雙關語）

讀者不要誤會我是惡女性者，如尼采與叔本華。

我也不曾如孔夫子那樣慷慨豪爽的說：「惟婦人與小人為難養也，近之則不遜，遠之則怨。」這句話是侮辱女性。

我喜歡女人，就如她們平常的模樣，用不著因迷戀而神魂傾倒，比之天仙；也用不著因失意而滿腹辛酸，比之蛇蝎。女人的理論每被男子斥為浮華、淺薄、重情感、少理智，但是女子的理智思想比男人實在。她們適應環境，當機立斷的能力也比我們好。

也許她們的主張，常說不出理由來，但是她們的直覺是不會錯的。她們說「某人不好」，某人便是不好，你要同她們分辯是無用的，而事實每每證明她們無理的直覺是對的，這就是她們著名的「第六感」（the sixth sense）。

在她們重情感、少理智的表面之下，她們能攫住現實，不肯放鬆。男人只懂得人生哲學，女子卻懂得人生；女子常是很明白男人之心理，而男人卻永不會了解女子。男人一生吸煙、田獵、發明、考據、造橋、編曲，女子卻只能養育兒女。

這不是一種可以輕蔑的事，雖然現代女子意見不定不同了。但如這一點平常道理不明，女子的偉大永遠不會被發現。

假定世上沒有母親，單有父親看管嬰孩，一切的嬰孩必於兩歲以下一齊發疹死盡；即使不死，也必未滿十歲流落街上而成扒手。小學生上學也必晚到、大人們辦公也不照時候、手絹必積幾月不洗、洋傘必月月新買、公共汽車也不能按表開行。世上無女子，將無人送紅雞蛋，也必定沒有婚喪喜事，尤其一定沒有理髮店。是的！人生之大事，生老病死，處處都是靠女人去應付安排。種族之延綿、風俗之造成、民族之團結、禮教之維持，都是端賴女人。

沒有女子的世界，必定沒有禮俗，宗教、傳統及社會階級。世上沒有天性守禮的男子，也沒有天性不守禮的女子。假定沒有女人，我們必不會居住於千篇一律的弄堂，而必住在三角門窗、八角澡盆的房屋。而且也不知飯廳與臥室之區別有何意義，而男子是喜歡在臥室裏吃飯，在飯廳安眠的。

以上一大段話，無非所以證明女子之直覺，遠勝於男人之理論，男子不得以理論之長，而自鳴得意。女子之行未必不及男人之知。這一點既明，我們可以進而討論女子理論及談話之所以有意思的了。

其實女子之理論談話，就是她們「行」之一部，並非知之一部，是與生老病死同類的。在女人的談話中，我們找不到淡然無味的抽象名詞，我們所聽見的，都是會說、會爬、會嫁、會娶的東西。比方女子介紹某大學的有機化學教授，必定不介紹他為有機化學教授；而說是雲南先施公司經理之舅爺，而且雲南先施公司經理死時，她正在九江病院割盲腸炎。

從這一出發點，她可向日本外交家的所謂應注重的「現實」方面發揮——或者先施公司經理的姊姊就是袁麻子的夫人的表妹，或者九江醫院割盲腸炎的蘇醫生為人真好。

無論談到什麼題目，女子是攫住現實的。她知道何者為飽滿人生意義的實事、何者為學者無謂的空談。

所以《碧眼兒日記》中的女子遊巴黎，走到旺多姆（Place Vendôme）（編按・法國中北部的歷史城，位於巴黎西南）的那座歷史有名的古碑前，偏要背對著那塊古碑；而仰觀科蒂（Coty）香水店的老招牌，「以增長她的學問」。（to improve her mind, she says.）你想只消憑直覺以旺多姆與科蒂相比，自會明白科蒂是滿飽人生的意義的，而旺多姆卻不然。

同樣的，雲南先施公司經理的舅爺是活的，而有機化學卻是死的。人生是由生、死、疹子、天花、香水、喪殯而結合的，並非由有機化學與無機化學所造成的；自然，世上也有班昭、李清照之流，也有韋布夫人、居里夫人之一類學者，但是我是講普通的一般女人。以下是女論語的幾條例：

一

有一回我在大西洋船上與一位美國小姐談天。

「假定美國銀行界於大戰之前不曾借款與英法兩國，妳想，美國也會加入戰爭嗎？」我問。

「為什麼不？」

「因為假使英法戰敗，美國銀行家的借款都歸無著落，無望收還了。美國百姓只為報紙的宣傳所愚弄，而莫名其妙、動起公憤、加入戰爭。」

「我們加入戰爭，是因為德兵侵犯比利時的中立，殘害該國的婦兒。」

「假定報紙不積極而有系統的宣傳，妳能知道有這種殘暴的事嗎？」

「但是我們已經知道了，不管是不是由於宣傳。」

「假定沒有銀行家的借款，妳想會有這樣宣傳嗎？」

「但是德國兵是真正的不人道。我們參加戰爭，就是因為德國的不人道，不管有沒有借款。」

「至少妳承認，假定沒有這種報上的宣傳，妳不會知道德國兵的殘暴。」

「這又有什麼關係？重要的是，我們確已知道，而加入、而得勝！」

我承認失敗。

## 二

「A是一大詩人，」我有一回在火車上與同房的女客對談。「他的文字極為優美自然。」

「你是不是說W？他的太太是放足的。」她嫣然的回答。

「是的，就是他。」

「這個人，我看見他的詩就討厭。他常常同太太吵架。」

「假定你的廚子有外遇，妳便覺得他點心失了味道嗎？」

「那個不同。」

「正一樣。」

「我覺得不同。」

——感覺是女人的最高法院。當女人將是非訴諸於她的「感覺」之前時，明理人就當見機而退。

## 三

「假定列強不願意裁軍，裁軍會議一定失敗。」我說。

「是啊！倘若不是列強一致不願裁兵，裁軍會議必定失敗。」

「除非列強願意，倘若列強不願意，裁軍會議必定失敗。」我更正的說。

「那有什麼用？」她說：「除非列強不願意，裁軍會議不會成功。」

「除非列強願意。」我更正。

「不，除非列強不願意，否則軍縮會議必定不會成功，不然必定失敗。」

此之謂女論語。

# 婚嫁與好職業

諸位女士，本週為貴畢業班之「職業週」，派給我的題目是「文學職業」。我以為世上沒有這種東西，我根據兩種理由，要勸妳們不要選文學為職業。

第一、因為文學不能為一種職業，凡要專心著作的人，應先解決「飯碗」問題。文學是有閒者之產品，要謀生的人，卻沒有這許多閒暇。自然，也有人賣文為生，無論詩、詞、墓誌，都可訂定價格，按期交貨。如為大書局編教科書的編輯，在頒新課程標準一、二月之後，便有甚合行情之作品上市。但這是賣文，而不一定是賣文學。

諸位須知「賣文」是世上最苦的一種職業。中外都是這樣，倫敦就有一條專給賣文的窮人住的街巷。奧國詩人及戲劇大家黑貝爾（Friedrich Hebbel），起初文章做不出。後來娶了一位有錢的維也納明星，才文章大進、著作等身，這實足以證明我的說法。

在中國，女詩人李清照，也是因為嫁了丈夫、解決飯碗問題後，才能做出好詞來。假使李清照靠賣稿為生，我想她的《漱玉詞》是換不到三碗綠豆湯的。《漱玉詞》之外，又必寫了幾千萬字的無聊作品。所以趙明誠在中國文學史上的大功，就是能養活一位女詩人。我想愛倫坡（Edgar Allan Poe）能娶一位有錢的太太，他即使不能有更精到的，也必有更豐富的作品留給後世。

第二、因為我相信妳們最好的職業是「婚嫁」。妳們要認清職業與人生建樹之不同。職業就是謀飯之路。比方以照相為職業的人，可以說是照他人妻子之相以養自己妻子的一種生計，與照相為嗜好者便又不同。一個是純粹經濟問題，一個是心頭上的一種偏好。

自然，有時職業也可以與心靈所好相近。但是我要諸位清楚認識此中的經濟問題。我所以勸妳們嫁娶，不勸你們賣文，就是不願意你們窮乏。妳們也許要叛抗現在的婚姻制度及經濟制度，但是妳們至少須認清現在的經濟制度是怎麼一回事。

現在的經濟制度，你們都明白，是兩性極不平等的。女教員薪水總比男教員少，英美諸國也是如此，在英國則甚至法律規定不許太太們教書。無論中外，女人可進去的職業（如按摩、打字、女招待等）總比男人可進去的少。而在女人可進去的職業中，男子還會同妳們競爭，而在酬勞、機會、天才上都佔便宜。

我不必提醒諸位，世上最好的廚師及裁縫都是男子，並不是女子，所以在妳們的傳統地盤，也是男子佔了勝利。獨身的女子比獨身的男子在社會上吃種種的虧，只有獨身自給的女子，親閱其境，才知道吃虧不平等到什麼程度。

所以惟一沒有男子競爭的職業，就是婚姻。在婚姻內，女子處處佔了便宜，在婚姻外，男子處處佔了便宜，這是現行的經濟制度。

也許你們認為這樣看婚姻，未免太實利、太拆台。我的答覆是，現在講的是純粹關於經濟方面。世上職業，原無所謂貴賤。當做謀生講，女子出嫁並不一定比男子賣豆腐、餛飩卑賤。

永安公司有一個人整天枯站在那兒替妳們開門，這是他的職業。也許他要一生站在那兒替不相識的姑娘、太太開門。問他這有什麼人生意義，他也答不出。但是做職業看，凡有工作，都值得報酬，並無貴賤之可言。自然，妳們也可以得了飯碗，成為社會廢物，對不起妳們的職業。

上海就有許多太太、姨太太，她們在社會上惟一的貢獻，就是坐汽車，買熏魚、搽扮、燙髮、叉麻雀，度此一生。這種人是白吃社會的。但是也有不少男子，也是對不起他們的職業。

有許多留學生受國家培養，回來做幾篇救國論，等政客來收買；或是回來專門端冰淇淋給外國貴客，所以男女都是有好有壞，誰也不比誰強多少。

還有一點，就是職業與才性相稱問題。女子造一快樂家庭，大概比通常男子碰上的職業可以說與才華相稱。假如妳們知道男子尸位素餐、禍國殃民的底細。妳們必定與我同意。有些大學校長只配吹牛，做那裏的交際科員。有些部長的才華亦只配開電梯。

世上的要人治國，並不是真正的「治」；世上的飯，多半是「混」來的。妳不混飯吃，總有人會來替妳混飯吃。每年中國人民死於災、死於戰、死於病，或流離失所、喪亡溝壑，都是因為有男子在混飯吃所致。

說一句良心話，女人治家很少混飯吃的，多半是與才華相稱的。我常看見母親去哄小孩睡覺，不一會又出來同人談天，心中非常佩服。做過父親並哄過小孩的人，才知道這種飯不是人人可以混的。

再一層，我不必說，妳們是稱心甘願出嫁的。至少妳們十、九是如此。自然十、九的男子也願意娶妾，但是我們於娶親之外，還得另找一種職業，並無所謂稱心不稱心。

所以我們的結論是：「出嫁」是女子最好、最相宜、最稱心的「職業」。經濟方面解決後，我們可以進而討論第二問題，就是對此婚嫁職業，應該做如何觀法。我已說過，謀生與在人世建樹二者不同。妳們既已選了給男子大吃虧的婚嫁職業、解決了吃飯問題後，就可以自由研究，成為社會上有用的人。

我不是指梳篦、箕帚、燒菜、補襪諸事，因為我假定妳們都是賢妻，如我假定大學畢業生都會記賬、抄賬，問題是更深的。可惜許多女人嫁後只知道做生育機器，不另求上進。自然也有許多男子，只管抄賬，問心無愧，處處泰然。這才是過於實利主義的人生觀、婚姻觀。

我想女子，尤其是受過教育的女子，除了做妻子之外，還應有社會上獨立的工作。我想羅素夫人的意思是可取的，她以為女子應廿五歲左右出嫁，隔三、四年生一個小孩，這樣生了三個小孩，到了三十五歲，再出來加入社會工作。

有了適宜的節育方法及相當的設備，有的女人在生產期間仍可服務社會。羅素夫人指出一點，就是三十五歲養過小孩的女人做教員比一般未出嫁的閨女好。因為從她做母親的經驗，她更能明白兒童心理而有應付兒童的本領。我向來反對閨女做校長，尤其是女校的校長，因為她們的人生觀、道德觀都不是成熟的。現在最可惜的，就是女教員等出閣，出閣者並不等著出來再做教員，她們不見了。妳們要做文人的女子，到此時來做文人，還不遲。關於女文人，我有一樣不滿意，她們只會「做詩」。

清朝出了一千餘「女詩人」，卻出不了一個女史論家或考據家。詩是最難賣錢的。這也是我反對女子賣文為生之一重大原因。

# 家庭與婚姻

在中國什麼事情都是可能的。著者有一次曾到蘇州鄉下去遊玩一番，卻讓女人家抬了藤轎把我抬上山去。這些女轎夫拼命著要把我這臭男子抬上山去，那時我倒有些恧顏，沒了主意，只好忸怩地讓她們抬就抬了這麼一程。

因為我想此輩是古代中國女權族長的苗裔，而為南方福建女人的姊妹。福建女人有著筆挺的軀幹、堂堂的胸膛，她們運著煤塊、耕種著農田、黎明即起、盥洗沐髮、整理衣裳，把頭髮梳理得清清淨淨然後出門工作，間復抽暇回家，把自己的乳水餵哺兒女。她們同樣也是那些豪富女人，統治著家庭、統治著丈夫者的女同胞。

女人在中國曾否真受過壓迫？這個疑問常盤桓於我的腦際，權威蓋世的慈禧太后的幻影隨即浮上了我的心頭，中國女人不是那麼容易受人壓迫的女性。

女人雖曾受到許多不利的待遇，蓋如往時婦女不得充任官吏，然她們仍能引用其充分權利以管理一個家——除掉那些荒淫好色之徒的家庭是例外，那裏的女子真不過被當做一種玩物看待。即使在這等家庭中，小老婆也往往還能控馭老爺們。更須注意者，女子嘗被剝奪一切權利，但她們從未被剝奪結婚的權利。

凡生於中國的每一個姑娘，都有一個自己的「家」，替她們準備著。社會上堅決地主張，即如奴婢到了相當年齡，也應該使之擇偶。「婚姻」為女子在中國惟一不可動搖的權利，而由於享受這種權利的機會，她們用妻子或母親的身分，作為掌握權力的最優越的武器。

此種情形可使兩面觀，男子雖無疑的嘗以不公平態度對待女子，然有趣的倒是許多女子偏會採取報復手段。婦女的處於從屬地位，乃為一般錯認女人為低能的結果，但同時也由於女子的自卑態度。由於她們缺乏男子所享受的社會利益、由於她們的教育與知識的比較淺薄、由於她們的低廉而艱難與缺乏自由的生活，更由於她們的雙重性本位——妻妾。

婦女的痛苦，差不多是一種不可明見的隱痛，乃為普遍的把女性認作低能的結果。倘值夫婦之間無愛情可言，或丈夫以殘暴獨裁，在此場合，妻便沒有其他補救的手段，只有逆來順受。

婦女之忍受家庭專制的壓迫，一如一般中國人民之能耐政治專制的壓迫。但無人敢說中國之專制丈夫特別多，而快樂婚姻特別少，其道理由下面即可見之。

婦人的德行總以不健談、不饒舌為上，又不要東家西家的亂闖閒逛，又不宜在街頭路側昂首觀看異性。但是有許多女人卻是生來格外饒舌，有許多女人便是喜歡東家西家的亂闖，有許多女人偏不客氣的站立街道上觀看男人。

女子總被期望以保守貞操，而男子則否。但這一點並不感覺有什麼困難，因為大部分女人是天生的貞節者，她們缺乏社交的利益，如西洋婦女所享受者。但是中國婦女既已習慣了這種生活，她們也不甚關心社交的集會；而且一年之間，也少不了有相當盛時令節，好讓她們露露頭面，欣賞一番社會活動的歡娛景象，或則在家庭內舉行宴會，也可以盡情暢快一下。

總之，她們除了在家庭以內的活動，其他一切都屬於非主要任務。在家庭中，她們生活行動亦有她們的快樂自由。故肩荷兵器以警衛市街之責任，亦非她們所欲關心者。

在家庭中，女人是主腦。現代的男子大概沒有人會相信莎士比亞這樣說法：「水性楊花啊！你的名字便是女人。」莎翁在他自己的著作中，所描寫的人物李爾王的女兒和克麗巴特拉（Cleopatra）（編按・埃及著名女王，西元前六九～前三〇年）

所代表者，便否定了上述的說法。

倘把中國人的生活，再加以更精密的觀察，幾可否定流行的以婦女為依賴的意識。中國的慈禧太后，竟會統治偌大一個國家。不問咸豐皇帝的生前死後。至今，中國仍有許多慈禧太后存在於政治家，及一般平民的家庭中。家庭是她們的皇座，是據之以發號施令，或替她兒孫判決種種事務的所在。

凡較能熟悉中國人民生活者，則尤能確信所謂壓迫婦女，乃為西方的一種獨斷的批判，非生產於了解中國生活者之知識。所謂「被壓迫女性」這一個名詞，決不能適用於中國的母親身分和家庭中至高之主腦。

任何人不信我所說的，可讀讀《紅樓夢》，這是中國家庭生活的紀事碑。你且看看祖母——「賈母」的地位身分，再看鳳姐和她丈夫的關係，或其他夫婦間的關係（如父親賈政和他的夫人，允稱最為正常的典型關係）。然後明白治理家庭者，究竟是男人抑或女人。

幾位歐美的女性讀者，或許會妒忌老祖母賈老太太的地位，她是全家至高無上的榮譽人物，受盡恭順與禮敬的待遇。每天早晨，許多媳婦必趨候老太太房中請安，一面請示家庭中最重要的事務，那麼就是賈母纏了一雙足、隱居深閨，又有什麼關係呢？那些看門的和管家的男性僕役，固天天跑腿，絕非賈母可比。

或可細觀《野叟曝言》中水夫人的特性，她是深受儒教薰陶的一個主要角色。她受過很好的教育，而足以代表儒家思想的模範人物，在全部小說中，她無疑又為地位最崇高的一人。

只消一言出口，可令她的身為卿相的兒子下跪於她的面前，而她一方面運用著無窮智慧，很精細的照顧全家事務，有如母雞之護衛其雛群。她處理事物，是用一種敏捷而慈祥的統治權，全體媳婦是她的順從的臣屬。這樣的人物或許是描摹過分了一些，但也不能當作完全虛構、不差。

「閫以內，女子主之，閫以外，男子主之」，孔夫子曾經明白地下過這樣分工的定則。

女人家也很明白這些。就在今日上海百貨商店裏的女售貨員，還有著一副妒嫉的眼光，側視那些已經出嫁的女人，瞧著她們手挽肥滿的錢袋，深願自身是買客而不復是售貨員。

有時她們情願替嬰兒編織絨線衫褲，而不復是盤數現金找零頭；穿著高跟鞋連續站立八小時之久，那真是太長久而疲倦的工作。其中大多數都能本能地明瞭什麼是比較好的事情。

有的甘願獨立，但這所謂「獨立」，在一個男子統治權的社會裏存在的事實不多。善於嘲笑的幽默家不免冷笑這樣的「獨立」。天生的母性欲望——無形、無言、猛厲而有力的欲望，充滿了她們的整個軀體。母性的欲望促起化妝的需要，都是那麼無辜、那麼自然、那麼出於本能，她們從僅足以糊口的薪資中積蓄下來，只夠買一雙她們自己所販售的絲襪。

她們願意有一個男朋友送些禮物給她們，或許她們會暗示地、羞答答地請求他們，一方面還要保全她們的自重的身分，中國姑娘本質是貞潔的，為什麼不可請求男人們買些禮物送她呢？她們還有什麼別的方法購買絲襪呢？是本能告訴她們這是愛情上的必需品。

人生是一大謎！她們的悟性再清楚沒有，她們很願意終身只有一個人購買禮物給她。她們希望結婚，她們的直覺是對的。那麼婚姻上有什麼不對？保護母性又有什麼不對？

結合了家庭，女人們踏進了歸宿的窩巢。她們仍安心從事於縫紉與烹調。可是現在的江湖中等人家女人，倒不從事烹調與縫紉。因為男子在她們自己的園地上打倒了她們，而最拿手的縫工和廚師是男人而不是女人。

男子大概將在其他事業上繼續排擠她們，除了結婚是惟一的例外。因為男子在任何方面所可獲得的機會、便利遠優於女子，只有結婚為否。至於婚姻分內，女子所可獲得的便利優於男子，這一點她們看得很清楚。

任何一個國家中，女人的幸福，非依賴乎她們所可能享受的社交機會。而此機會卻有賴乎跟她們終身作伴的男人的品質。女人的受苦，多出於男人的暴戾粗魯，和不夠公民投票資格。倘男人天生的講情理、脾氣好、慎思慮，女人便不致受苦。

此外，女人常挾有「性」的利器，這對於她們有很廣的用途。這差不多是老天所予以使她們獲得平等的保證。每一個人，上自君王，下至屠夫、烘餅事務者、製燭工人，都曾經罵過他的妻子，而亦曾受過妻子的責罵。因為天生注定男人和女人必須以平等身分相互親密著。

人生某種基本關係，像夫婦之間的關係。各個不同的國家、民族之間，所差異的程度至微；遠非如一般讀了遊歷家的記述所想像的。

西洋人很容易想像中國人的妻子像驢子樣的供丈夫做奴隸。其實普通中國男子是公平的講情理的人物。而中國人則容易想像——認為西洋人因為從未領受過孔子學說思想的洗禮，所以西洋妻子不關懷丈夫的衣服清潔與果腹事宜。終日身穿寬薄襯褲，逍遙海灘之上，或縱樂於不斷的舞會中。

這些天方野乘、異域奇聞，固為雙方人民茶餘酒後之閒談資料，而人情之真，相反忘懷於度外。

實際生活上，女人並未受男人之壓迫。許多男人金屋藏嬌，逢著河東獅吼，弄得在女人之間東躲西避。倒才真是可憐蟲。另外有一種不可思議的性的吸引力，使各等親屬的異性之間不致嫌惡過甚。是以女人倒不受丈夫或公公的壓迫，至於姑嫂之間，是屬平輩，縱令彼此不睦，亦不能互相欺侮。所剩留的惟一可能事實，是為媳婦之受婆婆虐待，這實在是常遇的事情。

中國大家庭中，媳婦的生活，負著許多責任，實在是一種艱難的生活。不過應該注意的是——婚姻在中國不算是個人的事件，而為一個家族整體的事件。一個男人不是娶妻子，而是娶一房媳婦，習慣語中便是如此說法。而若生了兒子，習慣語中多說是「生了孫子」。一個媳婦是以對翁姑（公婆）所負的義務較之對丈夫所負者為重大。

盛唐詩人王績曾有一首咏新嫁娘絕句，真是足以引起人類共鳴的傳神的筆墨：

三日入廚下，
洗手作羹湯；
未諳姑食性，
先遣小姑嘗。

一個女人若能取悅於一個男子，是一種珍貴的努力；至能取悅於另一女人，不啻為一種英勇的行為，可惜許多是失敗的。

做兒子的，介乎盡孝於父母與盡愛於妻子二者之間，左右為難，從不敢大膽替妻子辯護。實際上許多虐待女人的慘酷故事，都可以尋索其根源是屬一種同性間的虐待。不過後來媳婦也有做婆婆的日子。倘她能達到這個久經盼望的高齡，那實在是一生辛苦得來的榮譽而有權力的身分了。

# 中國字的性寓意

各種文字裏邊，都有含「性寓意」的字眼，中國字當然也不例外。不過，在對這個題目尚未詳加推敲比較之前，我雖然不敢說中國字在這方面佔有優勢，但大體上的印象卻是如此。

如果拿廈門土話來說，我是很熟悉的，自然了解「大氣」、「能力」這類字眼，暗示著某種性的寓意。「你知道一根馬鈴薯嗎？」這是句很普遍的話，但卻針對著性而言，……哦！我們已經開始步入禁地了。可是，可是……如果我在這裏談論這種題目，難免會被人誤解。……所以我想，還是談這問題的另一面，而不去談「性」的根本名詞，因為這會使人面紅耳赤的。

現在我們來談點不傷大雅的名詞。

如果拿「雲雨」這個名詞，誰都不會臉紅，在文學裏面，這是很普遍的；何況我們談的還是性範圍內的諱語，而這也是唯一解決「禁止」的辦法，也因而使得中國小說描繪那種「必要的沉默」時，不致觸犯「道德」。

以「自然」來比喻是最恰當的，像「狂蜂採蕊」、「鴛鴦交頸」或是「鸞鳳翔舞」等。比較含蓄的，像「連理枝」、「比翼鳥」這類，指的是偉大專一的情人，這可不像莎士比亞在「奧塞羅」或「羅密歐與朱麗葉」中的句子，那麼難聽。

春，常被拿來當作性的字眼，特別是指肉體的愛。我們從「春情」、「春心」（指性的熱情、性的欲望）與「春宮」（指性的猥褻動作），聯想到「房」字，而「房事」指的是性動作，醫生就常用這個字。除了「春」以外，「風月」也是。

「花」在中文裏，暗示著少女與婦人，尤其是漂亮的女孩兒；「尋花問柳」則指嫖妓，而妓女的世界稱之為「花國」。性病，中國人稱為「花柳病」，這當然跟花有連帶關係，好比「露滴牡丹開」這句話，就太淫猥了。

「雲雨」純指性交，這涉及長江三峽與夾山，那裏，天地是由雲霧相連的。我很懷疑，這可能跟古代楚王神話中，崇拜男性生殖器的風俗，有若干關係。

我絕對禁止自己談到民歌中，各種影射「性」的字眼，不過還是讓我提幾個好了：「水桶下井」、「地段」、「船夫」、「和尚」。奇怪的是，性也引用了「人道」這兩個字，還有「知曉人事」乃指「屆青春期」。

現代所使用的「性」字，在孔子哲學裏應用得很廣，就今天而言，「性」這個字已經是最普通、最莊重的了，好比：「性命」、「性別」、「性情」、「性愛」、「性交」……等。

# 廣田示兒記

小孩：爸，今天下午請誰來喝茶？

廣田：王寵惠。

小孩：王寵惠是誰？

廣田：他是支那人。

小孩：爸，你也和支那人做朋友嗎？你不是說支那人很不及我們日本人嗎？學堂裏先生天天對我們講支那人如何壞，如何不上進。

廣田：小孩有耳無嘴。少說話！

小孩：爸，我可以不可以也來一同喝茶？我很想見見王寵惠。

廣田：（哄著他）乖乖的，怎麼不肯，不過你那張嘴舌太油滑了，要常問東問西，尋根究柢，不知禮法。尤其是今天，我們要講中日的邦交，你不會懂的。

小孩：中日邦交很難懂嗎？

廣田：很難懂。
小孩：為什麼很難懂？
廣田：你又來了。
小孩：爸，我真想懂一點邦交，你告訴我罷！為什麼很難懂？
廣田：因為我們要和支那人要好，而支那人不肯和我們要好。
小孩：為什麼呢？他們恨我們嗎？
廣田：是的，比恨西洋人還利害。
小孩：為什麼特別恨我們呢？是不是我們待他們比西洋人還要兇？
廣田：為什麼！為什麼！你老是弄那條繩子，手一刻也不停。
小孩：但是我們既然對支那人很好，他們為什麼恨我們呢？
廣田：「滿洲國。」
小孩：「滿洲國」的土地到底是他們的還是我們的？
廣田：你瞧！老是弄那條繩子，滿地氈都是線屑了！
小孩：爸，你要怎樣和他們做朋友呢？
廣田：我們要借給他們錢，送他們顧問。

小孩：西洋人不是也要借他們錢，送他們顧問嗎？他們不是已經有人幫忙嗎？

廣田：西洋人是要幫他們忙的，不過這不行。我的兒你要知道，洋人借給他們錢，就統治支那了。

小孩：而我們借給他們錢呢？

廣田：而我們借給他們錢時，是和他們親善。

小孩：這樣講，支那人一定要跟我們而不跟西洋人借錢了。

廣田：那倒不然，除非我們強迫他們讓我們幫忙。

小孩：支那人真豈有此理！但我們何必強迫他們讓我們幫忙呢？

廣田：手不要放在嘴裏，不然你會發盲腸炎！大前天我就叫你去瞧牙齒，到現在你還沒去！

小孩：好，我明天就去。但是，爸，比方說你是支那人，你想你會愛日本人嗎？

廣田：我的兒，你聽我說。老實說，向來我們有點欺負他們。不過現在我們要和他們親善了。我們要借給他們錢，送他們顧問，訓練他們的巡警，替他們做好治安。我們要叫他們覺悟我們真實的誠意。

小孩：什麼叫做我們真實的誠意？

廣田：你傻極了。到現在還不明白！我今天……一定……要叫……王寵惠……相信……我們的誠意。

小孩：王寵惠是傻瓜麼？

廣田：胡鬧！王寵惠是一位學通中外的法律名家。

小孩：爸，我長大也會像王寵惠一樣有學問麼？

廣田：只要你在學堂肯勤苦用功。

小孩：爸，比方我此刻是王寵惠，你要怎樣對我講日本真實的誠意？

廣田：兒啊，我要對你講，我們要怎樣借給你們錢，送給你們軍事顧問，訓練你們的巡警，剿你們的土匪，保你們的國防，替你們做好治安。

小孩：爸，你告訴我，到底我們何必這麼多事呢？

廣田：我告訴你，我們要壟斷支那的貿易，把一切歐人趕出支那。我們可以賣他們許多東西，他們可以買我們許多許多出品。你說大亞細亞主義不是很好嗎？而且我們要跟蘇俄打仗非拉支那為援助不可。我們沒有鐵，沒有棉，沒有橡皮，一旦戰爭爆發，糧食還不足支持一年，所以非把支那籠入彀中不可。

小孩：你不要對王寵惠說這些話罷？

廣田：啊，你生為一外交家的兒子，也得明白這一點道理。我們這些為國家辦外交的人，口裏總不說一句實話。西人有句名言叫做：「外交家者，奉命替本國撒謊之老實人也。」但是這謊雖撒而實不撒，因為凡是外交老手都是聰明人，你也明白我的謊話，我也明白你的謊話，言外之意大家心領默悟就是了。王寵惠還要等我說穿嗎？

小孩：（讚嘆的）這樣本事！但是比方今天你要怎樣說法？

廣田：那有什麼難！我說，我們為維持東亞及世界之和平起見，要使支那日本共存共榮之原則上，確定彼此攜手之方針，以開中日親善之新紀元，而納世界於大同之新領域。

小孩：（呷一大口涎）好啊！爸，這真好聽啊，怪順口的。爸，你哪兒學來這一副本領，我們學堂裏也教人這樣粉飾文章嗎？

廣田：你真傻，學校作文就是教這一套，好話說得好聽，壞話說得更加好聽。不過外交手段，生而知之也，非學而知之也！

小孩：爸，我真佩服你！但是如果王寵惠是外交老手，一定知道你的真意，如果那人也都了解你的真意，而一定不讓我們幫他們的忙，那你要怎麼辦呢？

廣田：有大日本天皇海陸空軍在！

小孩：但是，爸，這不真和他們親善了。爸，你贊成陸軍的方法嗎？

廣田：（發急了）快別開口！牆有耳呢！你這話給人家聽見還了得。（威嚴的）我想你也該走出去散步了，順便去找牙醫，看看你的牙齒……地板上的鉛筆頭及線屑先撿起來。

（小孩依命和順的俯身撿起鉛筆頭及幾條線屑，放在口袋裏，低著頭走出去。

廣田喘了一大口氣。）

# 天目山的和尚

我每到一個寺廟旅行的時候，總會像偵探似的探聽和尚們的一切罪惡行徑。小的時候，我就常讀到或聽到和尚、尼姑強姦妙齡男女的故事，因為中國的故事常以和尚作為打諢罵笑的對象，而這種故事之所以會為人所喜歡，乃是因為人類極願意揭發「偽善」的因素。

我曾聽說，尼姑們闢了一間祕室，把一些年輕的男人藏在那裏好幾個月；而各個寺院的和尚們，也在地下室收藏了好幾十個女人。不過，我想這種說法也太過其詞了，但是在中國歷史上，寺院經常會成為叛亂者的窩巢，尤其在當殺手、政客隱避其中的時候，也許他們會在地下室蓄養幾個女人。

然而，根據我的觀察，就整個而言，和尚大都是弱不禁風的，他們無法放肆縱慾。其實這種錯誤觀念的由來，是因為人類不甘於承認別人高我一等，而故意穿鑿附會，使人們對於「道界」的觀念改變。

為了要察明寺院裏究竟有沒有藏放女人的地下室，我特別在暑假走了一趟天目山；為了這點，我費了好幾天的工夫，才總算有了點眉目。

那個寺院一共有一百多個和尚，可以容納七、八百個香客。寺院裏邊有很多地方是禁地，門窗也大都關了起來，我曾經從門縫中窺探過，也曾到關起門來的通道盡頭走過，並且還擅入住持住的地方；我把每堵圍牆都仔細觀察過，也把每個地下室詳看過，並且賄通了看門人，把每個禁地都仔細地瞧了一遍，如此過了幾天，我開始覺得自己很傻，雖然我還有沒見到的地方，但是我敢確信：那裏沒有藏女人的地下室。

然而，我卻因此明瞭了中國和尚的人性，以及寺院內的生活。我看和尚們並非道德完全墮落，他們也跟常人一樣，在這個化外之地，也有政治波瀾的起伏，他們彼此爭鬥，也有住持狼狽逃跑，而沒有人願意再掌住持之職，甚至有的住持，只是臨時代理而已！

那種糟糕的程度，絕不亞於濟南大學。

與偵探一樣，我通常以兒童為眼線。當我在廟前溪水中捕蝦的時候，有一個十四歲的小孩過來和我閒聊，我們聊得心投意合，尤其當我知道他在寺院裏做事的時候，便給了他兩根香煙，所以我們立刻結為朋友。他抽了一根，留下了另一根，可是第二天他告訴我，好幾個和尚要搶那根煙，不過讓他逃掉了。

從這個小孩身上，我聽到了不少關於和尚的事，其中有些事情恐怕連住持都不知道。好比說，我知道哪個和尚會溜到附近飯館的暗室裏去偷吃肉，哪個和尚是真正的素食者。但是照他的說法，真正吃素的人數並不多。算了！算了！我一向是寬大為懷的，就不去追這件事吧！

關於女人，和尚和凡夫俗子是不相上下的，按照那孩子說給我聽的，和尚的確跟常人一般。不過，還是讓我們把女人這檔事擱下來，談談他們的政治吧！

當我到那個寺院以後，才知道政治的陰影那麼大。表面上看來，那的確是個安居的好地方，但是聽說在我到達之前，寺中兩派和尚曾經發生過一場流血慘劇。住持曾在自己的住所被人毆擊，不過幸虧他身強力壯，跳下高達十二尺的涼台遁逃了，但是他的弟兄卻被打得頭破血流。

三天以後，我看見六個不像農夫的農夫，在我們住所的園子裏鋤草，正覺得奇怪的時候，外邊突然被一大隊士兵包圍了，所有的邊門全被堵死，軍官命六個農夫隨他進去，隨即有五個和尚被逮了去，聽說是吸鴉片煙，但事實卻是，這五個和尚是反對派餘留下來的頭頭，鴉片煙只是個藉口。

所以，我始終相信只要有人聚集的地方，就有寫小說的資料存在；不管是寺院或是醫院，只要您肯去蒐集就行了。

醫院的外表，潔淨而無瑕，可是在醫生與護士之間，常有著深刻的人情劇在上演——那種職業上的嫉妒、人性的欲望、愛情的困擾、敬業的精神、感人的犧牲和慘痛的悲劇。近來的電影故事與小說，多以醫院裏的愛情為材料，我們不妨也寫一本以寺院為背景的小說吧！

在我寫這篇文章的時候，脫逃的住持已經由杭州回來，同行的兩個和尚，臉上還貼著紗布。

# 杭州和尚

有一次，我情緒上衝動得很，於是走了杭州一趟。

我們一生中，有時難免會對日常生活感到無聊，好像不到處跑跑，肉體和精神都會損傷。這種莫名的感覺有著不同的稱呼：

「內心的要求獨立」——被過分寵愛的兒女的看法；

「上帝的號召」——出去到異教徒裏冒險的人的看法；

「宗教的使命」——和尚朝山進香時的看法；

「遊牧成性的潛意識衝動」——我們心理學教授的看法。

在我，只能稱它為「氣候」，真的，為了氣候，我勢必要出門一趟才行。

到達杭州，細雨紛飛，我在西冷飯店住下。陽春濛雨下的西湖，最為美麗，也最富詩意；層層的雲幕，飄浮在山頭上，倚窗遠眺，我聞到了滿天春雨的芳香；雨絲濛濛，像仙女足音似的，只聽到草葉上及田陌上渾成一片溫柔而又靜寂的點滴聲。村屋五六座，排列在山腳下，前後簇擁著疏朗可愛的高樹與青翠的叢蕪；想起上海富商的精舍，把草地碾平，將花圃砌成幾何學的怪狀，一如小孩子玩的小房子，唉——真令人痛哭流涕。

我每次到西湖，一定到玉泉觀魚，這些魚很高貴，據那位溫文爾雅的和尚對我說，這些魚有的已經六十歲以上了。等到牠們年歲大了的時候，深藍色的魚皮就轉變為灰白色，好像老年人的白髮一樣；當牠們胃腸有了毛病，就不喜歡游動，以至於死。和尚說，他們還為這些去世的魚兒舉行莊重的葬禮哩！

「你們吃素的，吃不吃雞蛋？」我問。

「是不能吃，」他以河南的口音說：「但是我缺少營養啊！為什麼不吃呢？再說，此地不吃，但是天竺的和尚還吃肉，娶老婆、生男育女的呢！」

話談得很投機，我想，不管人家說素食有多大的好處，我可從來沒見過一個臉色紅潤的和尚。所以我禁不住問他，素食是不是跟他們戒色有關係。

和尚看見有女客在旁，不便答話，於是我們換到池畔的角落，然後暢談起現代婚姻問題了。由於和尚很坦白、誠懇，所以我也問得多一點。

「比方那個少婦，你們看了動不動心？」

我這莽魯的一問，倒引出了和尚一篇難得的獨身主義來。大意與柏拉圖的「哲學家該不該娶妻」的論調相同。

「怎麼不動心？不過我們深知情慾的壞處。你看，現在每天有多少個青年人自殺？還不是為了戀愛！為了女人！」他蔑視快樂，接著又說：「再說，現在有多少人離婚？為什麼以前沒有她就活不下，而現在卻要分離呢？看看我，孑然一身，要到泰山、少峰山、普渡、汕頭，隨心所欲，多自由啊！」

我明白了，他是聖保羅、康德、巴特萊的同志。我想起了叔本華，關於女人的許多妙論，而這個和尚卻勸我學學佛經。他告訴我節慾的技巧（如圈坐之類），也直言不諱他失敗的過程，不過，在這裏，我可得要替他保密才行！

第二天早晨，我搭乘一輛汽車到虎跑（寺廟）遊玩。路過蘇堤，兩面湖光瀲灩，蔥翠的綠洲，好像從水中浮起，倒影就像照在鏡子般的清晰。

在這幅天然的畫面中，聳立著一座燈塔式的建築，醜陋不堪的落在西子湖畔，就如同美人臉上長了一顆爛瘡。我問司機這是什麼玩意兒？他說是西湖展覽會紀念塔。天啊！世上竟然有這種無恥的人，造此種惡孽！因此，我發誓，哪一天我能帶軍隊打入杭州的話，必定用野礮把這西子湖臉的爛瘡，夷為平地。

從山下到虎跑寺前的山路，風景甚幽。路旁有一條小澗湍湍而下，我看見一個父親正在苦勸他六歲的女兒到澗旁觀賞瀑布，可是這女兒不去，說水會打濕了她的鞋子，而且極力聲辯瀑布沒什麼看頭的。

我知道，中國大概要完了。

虎跑以茶聞名，聽說還有人從老遠的地方跑來喝茶。但是，我卻被虎跑的茶壺給吸引住了；這種茶壺在別的地方可能也有，但我從來沒見過。它無疑是個巧奪天工的發明，也是一個和尚的業餘作品。的確，歐洲的和尚能釀出好酒，難道虎跑的和尚就不能發明個好茶壺嗎？茶壺是由紅銅造成的，式樣跟家裏用的差不多，不過它的體積很大，高有二尺，直徑有二尺半，茶壺上面有兩個很科學化的煙囪，壺身中間燒煤炭，四周便是裝水的空間。它有一個壺嘴，不過壺柄只是用來裝飾，我想不通，茶壺這麼大，裏邊又燒炭，怎麼倒出茶來啊？

於是，我請教了一個和尚，他拿了一個白鐵鍋，從缸裏舀出了一些泉水，然後將泉水灌入其中的一根煙囪，這時，開水便從壺嘴裏溢了出來，而和尚早已拿了另一個白鐵鍋等在壺嘴下了。這過程很簡單，也很容易，我也知道這是物理作用，但是我卻不好意思向他提起科學的名詞了。

壺身常滿，水又常沸，這真是周全之策啊！

虎跑寺上面有座濟公塔，是紀念這個老和尚的。碑文上寫著，在他逝世的當天，卻在餘姚現身，留下了一雙他的破草鞋（按・當時濟公屍身業已火葬）；而就在同一天，他又在六和塔幾里外的地方出現，送給了他徒弟一封信，那確是他親筆的手跡。

這些都是當時目睹者的說法，事實上「佛教引證錄」也和基督教的「使徒行傳」一樣，有許多故事。

濟公在當地是個活佛，他治療病人，並且發明了很多奇怪的醫療法，所以他死後留下了不少傳奇的事蹟，這些都記錄在《濟公傳》裏邊，比紅樓夢還長兩倍哪！記得在這本小說裏曾經提到，有一次濟公醫治一個六歲的小孩兒，他說只要一種很普遍的藥方就行了，那是：一個五十歲生於五月初五的男人的眼淚，與一個十九歲生於八月初五的女人的眼淚相混合。

我忘了這些眼淚有沒有找到，但這都是濟公在世時，親眼目睹的人，向他們愛徒所講的故事。

# 文字魔術

當氣候熱到不能忍受的時候，我們就會想到避暑勝地，穿著泳裝，徜徉在松林瀑布間，這是合乎自然與人性的事；要不然也會隨手帶本書，到樹蔭下或溪水旁，清清悠悠的閱讀。

夏天選擇閱讀書籍最大的困難，便在我們的需求，會隨時因情緒而變化。可是我們又不能把整箱子帶去，當然無法按情緒挑書啦！

好看的小說固然不錯，但是在當看到末尾的時候，就會產生恐懼感，不曉得這本看完，下個星期作何消遣，何況夏天又不適宜長時間的閱讀。這就如一個人在他床頭上擺著的書一樣，必須看了不會使人興奮失眠才行。

所以我覺得，適合夏天閱讀的書，應當像是鮑斯威爾所著《約翰生傳》那類的。這本書既輕鬆又廣博見聞，您可以從任何一頁讀起，也可以在任何一頁停下來。事實上，選擇書籍不應當限制於一個範圍，而應包括各種不同的題材，因此，我極願意向您介紹一本字典。

這就是《現代英文袖珍牛津字典》（Pocket Oxford Dictionary of Current English），據許多書評家們說，這本書不但是本好參考書，同時也能用來日常閱讀，因為它包羅萬象，而且越用越妙。

這本字典很小，還不到兩雙襪子的面積大，但是表面成語很多。就只「馬」一個字，就有很多不同的解釋：

「鞭撻一匹死馬」意思是說：枉費力氣；「有人送來的馬，你要看牠的牙齒」意思是說：易得之物不會是好的；「騎上一匹高大的馬」意思是說：自鳴得意。此外還有很多成語，其中我最感快意的是「馬笑」，意思是說：譏笑；「馬戲」指的是：粗暴從事。

平常我們用的文字，範圍狹小有限，但如果偶爾能用用像「馬笑」、「馬戲」這類成語，也頗新鮮的。

我想，袖珍牛津字典之所以能給我樂趣，乃因為我是研究英文的中國人；但是我以為，凡是了解字有深淺不同意義的人，都應當研究自己本國語言在日常談話中，各種語句的用法。我認為中文最有意思，所以假如一個外國人來研究中文字典的話，他一定也會樂於看到「口若懸河」、「羊腸小道」、「求生不能，求死不得」等這類成語。

在中文裏還有含著寓意的成語，好比「我是他肚子裏的蛔蟲嗎？」意思是說：「我怎麼會知道他的心意呢？」還有一種成語，英文要用二、三十個字才能表達的，好比英文說：「如果你在家裏閒居，只吃不做，就是再多的家產也會耗盡」，這句話在中文則可直截了當的說：「坐吃山空」。

拿中文的「馬」字來說吧！像「馬後炮」意思是說：在長篇大論的讚美之後，卻在結尾時，將他的壞處一語道破；或是當一個官吏離職時，給他來個惡意的遊行；其他還有「兒孫自有兒孫福，勿為兒孫作馬牛」、「馬首是瞻」、「馬齒徒增」、「害群之馬」……等。

各國的文字與俚語用法都不同，如果我們仔細分辨的話，就可以看出民族性來。好比中文裏用的「肚」、「腸」兩字，就足以顯示出中國人的心理特徵。這兩個字英國人裝腔作勢，禁而不用，但是在中文裏卻是最有詩意的字眼。

英人華茲華斯曾提倡用最簡單的字寫詩，但是他本人的字句，卻不及任何一個中國詩人用的簡潔。

在中國文學裏，禁用的字眼很少，因為我們與世俗生活脫不了干係，所以覺得凡只要是「字」就可以用於詩句中。我在杭州的飯館中曾看到這麼一副對聯：

竹筍鮮嫩飯碗小
魚肉香美酒腸開

我敢打賭，美國詩人絕不敢在詩句中提到火腿、番薯之類，或是談到胃腸、肝肚等等。

從「肚」這個字的用法來看，中國人比歐洲人重感情，因為我們認為肚子是一切思想、感覺、學問的發源地，好比「滿腹文學」、「滿肚子怨氣」。

根據現代心理學家的判斷，胃腸是人的情感所在，所有的喜怒哀樂也都是經由腸道血脈發洩而來。中國人倒不研究那麼深，只是本能的覺得情感是發自腹部橫膈膜下面。例如，一個人過於悲傷的時候，飯是一點也吃不下的，因為我們認為腸胃似乎受到了騷擾。

這證實了我自己所說的「中國人的思想近乎女人」。

鄧肯說：「女人的思想起於肚臍，然後向上發展，男人的思想則起於腦部，然後向下發展。」我的確認為中國人的思想起於橫膈膜的下部，和女人一樣。所以我們的思想愈重感情，我們的腸胃就更加負責。

事實上，我認為中國之所以有大詩人存在，就是因為他們用腸胃來思想的緣故；所以英國人說「費腦而思」，我們則說「涸腸而思」。

這就是閱讀字典的樂趣。我們可以隨便舉出整套的字義來，比如Stupidity（笨拙）一字在中國人的眼光裏，完全和英文的字義不同。我們可以說自己是「拙夫」，說書齋是「拙舍」，形容一棵枯凋的荊樹也可以用「拙」，意思是說它有一種古老的美，何況中國詩句中最常見的，都是些「病」、「瘦」、「懶」、「墮」等字眼哩！

我倒真希望那些尚未忘了「文字魔術」的學者，能潛心的去編訂一本類似的字典。

國家圖書館出版品預行編目資料

讀書的藝術／林語堂 著　初版，新北市，
新視野 New Vision，2022.01
面；　公分 --
ISBN 978-986-06503-3-4（平裝）
1.言論集

078　　　　110018067

讀書的藝術
林語堂　著

主　　編　林郁
出　　版　新視野 New Vision
製　　作　新潮社文化事業有限公司
電話 02-8666-5711
傳真 02-8666-5833
E-mail：service@xcsbook.com.tw

印前作業　東豪印刷事業有限公司
印刷作業　福霖印刷有限公司

總 經 銷　聯合發行股份有限公司
新北市新店區寶橋路 235 巷 6 弄 6 號 2F
電話 02-2917-8022
傳真 02-2915-6275

初　　版　2022 年 元 月